W0348170

DIE UHR LERNEN FÜR KINDER AB 5 Jahren

avocado verlag

Für Fragen und Anregungen
info@avocado-verlag.de

Klimaneutral
Druckprodukt
ClimatePartner.com/18373-2201-1001

Bibliografische Information der Deutschen Nationalbibliothek:
Die Deutsche Nationalbibliothek verzeichnet diese Publikation in der Deutschen Nationalbibliografie; detaillierte bibliografische Daten sind im Internet über http://dnb.dnb.de abrufbar.

Originalauflage, 1. Auflage 2022

ISBN Taschenbuch: 978-3-9824290-0-7

Inhalt

Vorwort

Wenn Sie sich an Ihre eigene Kindheit erinnern, mag Ihnen auffallen, dass der Übergang vom kindlichen Spaß zum sogenannten „Ernst des Lebens“ seltsam und unerklärlich fließend verlief.
Sie waren Kind und plötzlich standen Sie mitten im Leben. Die psychologischen Prozesse, die dazu beitrugen, haben sehr viel mit der Zeit und der Wahrnehmung von Zeit zu tun.

Als Erwachsener neigt man häufig zu einer Verhaltensweise, bei der man die Welt ausschließlich mit den Augen eines Erwachsenen sieht. Tatsächlich fällt es nicht wenigen Menschen recht schwer, sich in die Lage eines Kindes zu versetzen. Und damit ist im Kontext dieses Buches, bei dem es um effektive Lernmethoden und Lernspiele zum Erlernen der Uhrzeit geht, natürlich in erster Linie nicht die materielle Lebenssituation eines Kindes gemeint.

Vielmehr geht es um das Bewusstsein Ihres Kindes. Die wundervoll bunte und unbeschwerte Welt der frühen Kindheit, wie sie sich für viele Erwachsene rückblickend darstellt, ist primär eine emotionale. Oft sind es nur wenige lieb gewonnene Gefühle, die Ihnen im Erwachsenenalter als Reminiszenz bleiben.

Egal, um welche Gefühle es sich dabei handeln mag, sie haben alle eines gemeinsam: Zeitlosigkeit. Gefühle halten sich nicht an Zeit und Raum, sie scheinen aufzutauchen, wann sie wollen, weshalb sie auch so schwer kontrollierbar sind.

Dieser psychologische Umstand lässt das Leben wie einen Fluss erscheinen, der bei seinem Dahinfließen durch das Auf und Ab des Alltags keine Zeit zu kennen scheint oder dieser zu trotzen weiß.

Doch dann, irgendwann, tritt die Zeit in Ihr Leben und verändert alles. Das Leben wird plötzlich berechenbar, planbar und verplant. Und es wird vor allem „enger". Zeit beschränkt, Zeit zerschneidet. Ja, sie schwingt sich allzu oft zu einem Herrscher Ihres Lebens auf und versucht, Sie zu dominieren.

Und wie oft schon haben Sie davon geträumt, sie würde nicht existieren?

All das ist dem Bewusstsein eines Kindes bis zu einem bestimmten Alter vollkommen fremd.

Wie nun, mögen Sie denken, ist es dann überhaupt möglich, Ihrem Kind das Lesen der Uhrzeit beizubringen?

Zuerst ist es wichtig, zu bedenken, dass Ihr Kind ein Mindestalter von 5 Jahren haben sollte, wenn Sie mit Ihrem Lernvorhaben beginnen. Ferner sind neben der Auswahl einer geeigneten Lernmethode, sowie geeigneter Lernspiele, die auf Grundlage kognitionswissenschaftlicher Erkenntnisse vom Bewusstsein des Kindes entwickelt wurden, auch Ihre eigene Sensibilität und Ihr Einfühlungsvermögen gefragt.

Einem Kind etwas beizubringen, bedeutet auch, das Kindsein ganz grundsätzlich zu verstehen. Es bedeutet, in der Lage zu sein, sich in ein Kind hineinzuversetzen und, wenn auch nur für kurze Zeit, den Lernprozess mit den Augen eines Kindes wahrzunehmen. Auch ohne selbst Pädagoge zu sein, können Sie pädagogisch richtig handeln, worüber Sie in diesem Buch ebenfalls viel Wissenswertes erfahren werden.

Ohne Zeit geht es nicht.

Mit der fortschreitenden Entwicklung kognitiver Fähigkeiten bekommt sie eine immer wichtigere Position im Leben des Menschen zugewiesen.

Daher gehört das Erlernen des Lesens der Uhrzeit sicherlich zu den einschneidendsten Ereignissen im Leben eines Kindes. Wie sehr Zeit den Unterschied macht, haben Sie sicherlich selbst mit Ihrem Kind oder Ihren Kindern schon oft erleben können. Manche Eltern bringt es an den Rand der Verzweiflung, andere quittieren es eher amüsiert, wenn das Kind immer wieder dieselben Fragen stellt:

„Papa, wann sind wir da?“

„Mama, wie lange dauert es noch?“

Unaufhörliche Fragen dieser Art sind wohl allen Eltern bekannt.

Oder aber Sie wollen Ihr Kind morgens vor der Arbeit zur Kita bringen, haben Ihren Tagesplan mehr als nur einmal verinnerlicht und sind mit Ihren Gedanken schon längst bei den Herausforderungen des Tages, als Sie bemerken, dass Sohn oder Tochter noch immer nicht fertig zum Gehen ist. Stattdessen ist das Kinderzimmer in ein Chaos verwandelt worden, und irgendwo zwischen herumliegenden T-Shirts, Stiefeln und Jacken wird eifrig und scheinbar weltvergessen mit Legosteinen gespielt.
In solchen Situationen begehen nicht wenige Eltern den Fehler, den zeitlosen Gleichmut ihrer Kinder als ein Defizit an Verantwortungsbewusstsein fehlzudeuten. In Wirklichkeit aber ist es die Zeitwahrnehmung des Kindes, die die Ursache

dieser scheinbaren Weltvergessenheit, Abwesenheit oder Spielversunkenheit ist.
Während die Eltern in einer Welt leben, in der die Zeit als Ordnungsinstanz über allem zu stehen scheint, kennen die Kleinen den Begriff der Zeit als solchen gar nicht.

Neurobiologen haben anhand zahlreicher Studien festgestellt, dass Mädchen wie Jungen im Alter bis zu 2 Jahren in einem Zustand der Gegenwärtigkeit leben (Vgl. 1). Für sie existiert mit anderen Worten nur die Gegenwart, der Augenblick. Kleinkinder können aus diesem Grunde natürlich nur in sehr begrenzter Weise zwischen einem Ereignis unterscheiden, welches sich im Verlauf befindet und andauert und welches bereits abgeschlossen ist. Sie leben im immerwährenden Fluss ihres Bewusstseins, der durch Ereignisse, aus denen sich zeitliche Abschnitte bilden, nicht unterbrochen werden kann.

Spielt Ihr Kind also am Morgen noch versunken mit Legosteinen, während Sie unbedingt und von der Uhrzeit getrieben das Haus verlassen wollen, treffen buchstäblich zwei Welten unter ein und demselben Dach aufeinander, die konträrer nicht sein könnten.

Gleichermaßen genau erforscht ist das Zeitverständnis von Kindern im Alter zwischen 3 und 4 Jahren. So fällt es den Kleinen in dieser Altersstufe nur sehr schwer, Begriffe wie „heute“,

„morgen“ oder „gestern“ auseinanderzuhalten und zeitlich einzuordnen (Vgl. 2). Das bedeutet, dass für Ihr Kind „heute“ „morgen“ und umgekehrt bedeuten kann.
Erst mit dem 5. Lebensjahr beginnen Kinder in der Regel damit, kognitiv wie auch sprachlich das zu differenzieren, was als Sprech- und Ereigniszeit bezeichnet wird.

Was ist darunter zu verstehen?

Wenn Sie Ihrem Kind am Abend sagen, dass es am nächsten Morgen um 7.00 Uhr in die Kita gehen wird, versteht es zwar die Sprechzeit in wörtlicher Weise, kann diese aber nicht von der Ereigniszeit, d. h. dem verabredeten Zeitpunkt am nächsten Morgen um 7.00 Uhr unterscheiden. Mit anderen Worten sind Zeitangaben, die für Sie als Erwachsener ganz konkret sind, für Ihr Kind abstrakt und nicht zuzuordnen.

Mit dem 5. Lebensjahr ändert sich im Leben eines Kindes vieles.

Nachdem Kinder in diesem Alter bereits gelernt haben, bei Tisch mit Besteck zu essen, sich ganz ohne Hilfe der Eltern selbst die Zähne zu putzen oder die Hände zu waschen, beginnen sie nun damit, ihre persönlichen Grenzen zu erkunden, auszuprobieren und auch auszureizen.

Es ist die Zeit für erste Abenteuer.

Oft zum Verdruss der Eltern stellen sie vorhandene Regeln infrage oder auf den Kopf, lernen aber auch schon, was es bedeuten kann, die eigenen Fähigkeiten zu überschätzen und erste negative Lebenserfahrungen zu sammeln.

Besonders geistige Kapazitäten wie Vorstellungskraft und Sprachfähigkeiten erfahren mit dem 5. Lebensjahr einen besonderen Schub nach vorne, weshalb es wichtig ist, Ihr Kind gerade in dieser Zeit mit dem Lesen der Uhrzeit vertraut zu machen. Denn jetzt ist Ihr Kind auch fähig, grammatikalisch zwischen Vergangenheit und Zukunft zu unterscheiden.

Auch die für dieses Alter typische „Fragephase“ sollte als idealer Zeitpunkt dafür gesehen werden, die Gedankenwelt Ihres Kindes mit der Wirklichkeit der Zeit bekannt zu machen. So kann die einfache Frage „Wie spät ist es?“ zu einer wahren Erkundungstour durch das Leben werden.

Was Sie erwartet!

Ein spielerisches Lernabenteuer, welches Sie zusammen mit Ihrem Kind erleben können.

Kinder etwas zu lehren, sollte für Erwachsene und Eltern immer auch bedeuten, „mit“ Ihren Kindern zu lernen. Das gilt besonders immer dann, wenn es darum geht, die innere Welt eines Kindes zu verstehen, um immer alters- und kindgerecht handeln zu können.
Denken Sie immer daran: Vermeiden Sie es, Ihr Kind zu überfordern. Das kommt nämlich nicht selten vor und führt häufig dazu, dass Kinder erhebliche Probleme beim Erlernen der Uhrzeit haben.

Um ein Scheitern von vornherein zu vermeiden, wird Ihnen in diesem Buch gezeigt, wie Sie Schritt für Schritt vorgehen können, damit am Ende ein guter Lernerfolg bei Ihrem Kind entstehen kann.

Zwei Stunden gelernt und doch nichts behalten? Das kann passieren. Oder aber das zuvor Gelernte ist nur bruchstückhaft abrufbar, Ihr Kind hat die Hälfte wieder vergessen …

Welche Gründe kann es haben, dass das Gelernte für Ihr Kind nicht zugänglich ist?

Mit den Informationen, die Sie in diesem Buch zum Thema „Kurzzeitgedächtnis und Langzeitgedächtnis“ erhalten, werden Ihnen tiefere Einblicke in die neurobiologischen Grundlagen des Lernens überhaupt ermöglicht.

„Lernen braucht eine gelehrte Umgebung“, hieß es in früheren Zeiten, und Sie werden sehen, dass sich hinter diesem althergebrachten Spruch doch eine gewisse Wahrheit verbirgt. Das bedeutet nicht, dass Sie Ihre Wohnung in eine Universitätsbibliothek verwandeln sollen. Es bedeutet aber, dass angesichts der vielfältigen Ablenkungen durch digitale Medien in der heutigen Zeit der Ort des Lernens wohl bedacht sein sollte. Wenn 3 Bildschirme kontinuierlich flimmern, wird es auch das talentierteste Kind schwer haben, Inhalte zu lernen und sich zu erinnern. Forschungen und Studien haben immer wieder ergeben, dass das menschliche Gehirn, Phasen der Ruhe braucht, um Lerninhalte dauerhaft abzuspeichern (Vgl. 3).

Doch, bevor es an die Praxis der Lernspiele geht, ist es erforderlich, herauszufinden, wie Ihr Kind eigentlich am besten lernt.

Lernen ist nicht gleich Lernen.

Obwohl der Lerninhalt derselbe ist, lernen zwei Kinder auf zwei unterschiedliche Weisen. Sie werden also Wissenswertes über die 4 Lerntypen erfahren, die heute wissenschaftlich unterschieden werden. Von diesen Kenntnissen ausgehend sind Sie in der Lage, weitere Kriterien zur Auswahl eines für Ihr Kind geeigneten Lernspiels oder auch mehrerer Lernspiele heranzuziehen.

Wo liegen die Stärken Ihres Kindes, wo seine Schwächen?

Und wie können Sie Ihr Kind bei Bedarf fürs Lernen besser motivieren?

Diese Fragen werden als Nächstes beantwortet werden, wonach genaue Ausführungen folgen, wie Sie in mehreren Schritten vorgehen sollten, um Ihrem Kind das Lesen der Uhrzeit so verständlich wie möglich beizubringen. Dazu werden Sie 10 Eselsbrücken kennenlernen, die Ihrem Kind das Lesen der Uhrzeit kindgerecht vereinfachen sollen. Haben Sie mögliche Fehlerquellen und Stolpersteine beim Lernprozess vermeiden können, geht es um die Vorbereitungen des weiteren Lernprozesses. Dabei geht es immer darum, zuerst zu entschleunigen. Das kann auf spielerische wie auf meditative Art geschehen. Auch Kinder im Vorschulalter leiden nicht selten bereits unter bestimmten Stresssyndromen, die das Lernen grundsätzlich erschweren, motivationshemmend wirken und besonders die Abruffähigkeit von Informationen aus dem Langzeitgedächtnis negativ beeinflussen können (Vgl. 4).

Im Praxisteil geht es schließlich darum, wie Ihr Kind das Lesen der Uhrzeit spielend erlernen kann.

Die Uhrzeit singend lernen?

Mithilfe von kreativen Basteleien?

Oder aber tanzend mit Musik?

Die modernen Optionen sind z. B. Lern-Apps, über die Sie ebenfalls informiert werden.

Wie funktioniert Lernen?

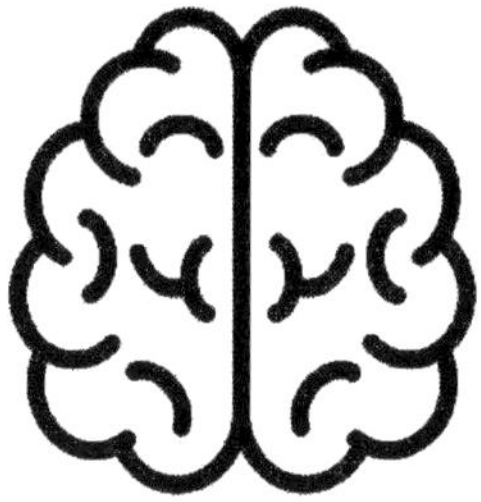

Lernen, was ist das überhaupt?

Oft wird Lernen als ein zeitlich abgeschlossener Prozess dargestellt. Man lernt etwas für etwas. Das Studium auf der Universität nimmt dann z. B. eine bestimmte Zeit in Anspruch, in der Lerninhalte vermittelt werden.
Vielleicht fällt Ihnen bereits an dieser Stelle auf, dass auch hier die Zeit als Ordnungsgröße eine bedeutende Rolle spielt.

„Man lernt fürs Leben!“

Sie werden diesen bekannten Sinnspruch sicherlich kennen. Genauer betrachtet erweist dieser sich allerdings als eher unzutreffend, impliziert er doch, dass Lernen und Leben zwei verschiedene Dinge sind.

Vielmehr müsste es heißen:

„Leben ist Lernen und Lernen ist Leben“

Beides ist untrennbar miteinander verbunden.

„Man lernt nie aus“ trifft die Wirklichkeit des Lebens wohl viel besser.

Einfach ausgedrückt ist Lernen die Reaktion des menschlichen Gehirns auf jede Art von Erfahrungen. Da Lernen aus diesem Grunde aus einem kreativen Prozess besteht, ist es grundsätzlich empfehlenswert, Kindern im Kontext kreativer Aktivitäten, wie z. B. Spielen, etwas beizubringen. So wird Lernen nicht zu etwas „Anderem“, das vom Leben isoliert scheint.
Mit dieser Grundeinstellung versehen ist Lernen nicht mehr etwas Erzwungenes oder wird als Zwang missverstanden, sondern stellt etwas ganz Natürliches und Nützliches dar, das die Grundlage schafft für ein offenes, interessiertes und tolerantes Leben. Das kann als ein Idealziel des Lernens definiert werden, doch es beantwortet noch nicht die Frage nach dem „Wie“?

Lernen ist allgemein gesprochen die Reaktion Ihres Gehirns auf Erfahrungen. Dabei ist es erst einmal unerheblich, ob Sie etwas erlernen wollen oder nicht. Der eigentliche Lernprozess setzt erst dann ein, wenn die Erfahrung, die Sie gemacht haben oder der Inhalt, für den Sie sich interessieren, dazu führt, dass das Gehirn eine nachhaltige Veränderung erfährt. Das ist aber nicht immer gegeben. Unzählige Eindrücke strömen auf Sie im Alltag ein, doch nur wenige bewirken wirklich eindeutige und langfristige Veränderungen, d. h. sie werden im Gehirn auch abgespeichert. Lernen ist ein neuronaler Aufbauprozess, was bedeutet, dass die Synapsen im Gehirn, die für die Weiterleitung von Nervenimpulsen zuständig sind, durch das Erinnern und Rekapitulieren von Inhalten regelmäßig reaktiviert werden (Vgl. 5).

Das führt zur Stärkung der neuronalen Netzwerke in Ihrem Gehirn. Was abgespeichert wird und ins Gedächtnis gelangt, d. h. auch immer wieder erinnert werden kann, hängt von Ihrer Reaktion auf etwas ab.

Eine Telefonnummer, die Sie nur einmal gebrauchen, werden Sie sich in aller Regel nicht merken. Auch nicht das Kennzeichen eines Autos, das vor Ihnen im Stau steht.
Der Schlüssel zur Erinnerung liegt primär in der emotionalen Reaktion, die Ihrem Gehirn signalisiert, dass eine Erfahrung wichtig ist oder nicht. Haben Kinder z. B. von vornherein eine positive emotionale Einstellung zu dem, was sie lernen sollen, werden auch die neuronalen Prozesse ungehindert vonstattengehen können. Darüber, wie Sie Ihrem Kind eine gute Lernatmosphäre schaffen können, werden Sie im Verlaufe dieses Buches viel Wissenswertes erfahren.

Die emotionale Reaktion eines Menschen auf eine Erfahrung ist darum so entscheidend, weil das Gehirn die Schaltzentrale in Ihrem Körper ist, in der alle äußeren Wahrnehmungen, aber auch alle Informationen über innere Zustände, wie Organfunktionen, zusammenlaufen.

Neurologisch betrachtet, ist Lernen die Vermehrung von sogenannten „Neuronen Populationen" in der Großhirnrinde bzw. dem Neocortex und evolutionär betrachtet der jüngste Teil des menschlichen Gehirns. Dort werden auch alle über die Wahrnehmung eingehenden Informationen bewertet, vernetzt und bei Bedarf wieder gelöscht. Lernt Ihr Kind z. B. etwas auswendig, wird es die linke Hirnhälfte nutzen (Vgl. 6).

Der Grund aber, warum Inhalte, die nur auswendig gelernt werden, meistens nicht langfristig abgespeichert werden, ist in der mangelnden emotionalen Beteiligung zu finden. Gelingt es Ihrem Kind während des Lernens, wie z. B. durch kreative Lernspiele, im Gehirn assoziative Bilder zu erzeugen, wird auch die rechte Hirnhälfte am Lernprozess beteiligt. Das führt dazu, dass das Erinnerungsvermögen gestärkt wird und die gelernten Inhalte auch langfristig abgerufen werden können. Bei diesem neuronalen Prozess spricht man von der „Synaptischen Plastizität" des menschlichen Gehirns. Das bedeutet, dass Lernen dort stattfindet, wo elektrische Nervenimpulse oder Signale von einer Nervenzelle zur anderen transportiert werden. Doch diese Synapsen sind nicht nur für die interzelluläre Übertragung zuständig, sie regeln auch deren Intensität, können als neuronale Signale intensivieren oder abschwächen.

Diese Variationsbreite ist die sogenannte „Synaptische Plastizität“, die heute als die wesentliche Grundlage des Lernprozesses erachtet wird. Verstärkt eine Synapse ein Signal, wird ein Prozess in Gang gesetzt, den man als Langzeitpotenzierung (LTP) bezeichnet. Dabei kommt es zur Ausschüttung von Botenstoffen. Soll die Übertragungsleistung einer Synapse verringert, d. h. das Signal abgeschwächt werden, geschieht dies durch eine Langzeitdepression (LTD) (Vgl. 7).

Es besteht aber auch die Möglichkeit, die interzelluläre Kommunikation ganz zu unterbinden. Je stärker die Abschwächung eines Signals, desto schneller wird ein erlernter Inhalt wieder vergessen. Erst durch die ständige Verstärkung der synaptischen Aktivitäten kann sich ein dauerhafter Lernerfolg einstellen. Das ist bei Kindern genauso wie bei Erwachsenen.

Nachstehend noch einmal ein genauer Überblick über den Lernprozess (Vgl. 8):

1. Das durch einen Sinnesreiz ausgelöste neuronale Signal erreicht das Limbische

System, auch als Limbus bezeichnet, das neben anderen Hirnarealen aus Amygdala, Hippocampus und Gyrus Cinguli besteht.

2. Im Limbus werden die neuronalen Informationen vorverarbeitet, d. h. emotional bewertet. Das Limbische System ist für bewusste Emotionalität und emotionale Motivation zuständig, aber auch kognitive Leistungsfähigkeit sowie die Kontrolle von Impulsen und Handlungen.

3. Im Hippocampus werden die Informationen organisiert, d. h., dieses Hirnareal ist zuständig für unterschiedliche Gedächtnistypen, wie z. B. Vertrautheitsgedächtnis und Episodengedächtnis.

4. Die Amygdala ist für die Konditionierung von Emotionen verantwortlich, was besonders negative emotionale Reaktionen, wie z. B. Angst, Wut und Stress, betrifft.

5. Im Mesolimbischen System werden Informationen in Bezug zu einem Belohnungssystem verarbeitet.

6. Über Neuromodularische Systeme werden die notwendigen Botenstoffe regu-

liert und ausgeschüttet, durch die die Aktivierung von Reaktionsschemen, basierend auf den Verarbeitungsprozessen und Ergebnissen, vonstattengehen kann. Das sind z. B. Serotonin, Noradrenalin oder Dopamin.

7. Dann gelangt der so verarbeitete Sinnesreiz in den Neocortex, wo er als fester Wissensbestandteil abgespeichert wird. Auf der Grundlage von erlernten Inhalten, Erfahrungswerten, Erinnerungen und Bedeutungszusammenhängen entscheidet das Limbische System, ob ein Reiz durch Lust oder Unlust beantwortet wird.

Wird eine Information als unwichtig beurteilt, wird sie nicht in den Neocortex gelangen. Im anderen Falle werden Sie eine Motivation verspüren, etwas zu tun oder fortzusetzen.

Kann Ihr Kind den Lernprozess positiv bewerten, haben bereits entsprechende Veränderungen der neuronalen Netzwerke stattgefunden. Es ist dabei wichtig, zu wissen, dass es möglich ist, das emotionale Erfahrungsgedächtnis Ihres Kindes mit positiven Einzelheiten zu erweitern. Wenn es gewissenhaft lernt, kann es z. B. belohnt werden.

Da diese Modulationen unterschiedlich schnell ablaufen können, ist es wichtig, Lernen auch richtig zu lernen. Weiß Ihr Kind, wie es am effektivsten lernt, wird sich die Abrufbarkeit von Gedächtnisinhalten signifikant erhöhen und den Lernerfolg optimieren. Dadurch hat Ihr Kind selbst Einfluss auf den letztendlichen Lernerfolg. Darum ist es auch überaus empfehlenswert, herauszufinden, zu welchem Lerntypus Ihr Kind gehört.

Kennen Sie den Lerntypus, können Sie aus der Menge der möglichen Lernspiele die richtigen Lernmethoden für Ihr Kind auswählen.

Dazu später noch nähere Einzelheiten.

Der Gedächtnis-Faktor

Gelerntes muss aus dem Gedächtnis abgerufen werden. Ein Neugeborenes ist bereits mit mehr als 100 Milliarden Neuronen auf die Welt gekommen. Ein gutes Anfangspotenzial, dessen Verknüpfungsgrad jedoch erst noch sehr gering ist. Das heißt, dass die Nervenzellen im Gehirn nur lose verknüpft sind.

Doch da sich die Gehirnmasse des Kindes im 1. Lebensjahr von etwa 250 g auf ganze 750 g erhöht, werden auch immer mehr Verknüpfungen, d. h. Neuronen Populationen im Gehirn gebildet. Tatsächlich haben Neurobiologen herausgefunden, dass die Offenheit eines Kindes verschieden Lernmethoden gegenüber auch von der Menge der Synapsen abhängt, die sich bis zum 3. Lebensjahr bilden konnten. Doch der Zenit an Neuronen Populationen im Gehirn ist in diesem frühen Kindesalter bereits erreicht (Vgl. 9).

Mit dem 4. Lebensjahr nimmt die Zahl dieser Populationen allerdings wieder ab, was zur Folge hat, dass die Bereitschaft, sich neuen Sinneseindrücken offen und unvoreingenommen zu stellen, nach und nach automatisch reduziert wird.

Da Erinnerung eine wahre Netzwerkaufgabe ist, kann auch das Gedächtnis keinem spezifischen Ort zugeordnet werden. Es existieren auch keine Neuronen, die eigens für das Abrufen von Inhalten verantwortlich sind. Demzufolge wird heute im Allgemeinen von Neurobiologen angenommen, dass die sogenannten neuronalen Gedächtnis-Korrelate, die durch die Verarbeitung in den genannten Hirnarealen entstehen, über das gesamte Netzwerk der Nervenzellen verteilt sind.

Die Frage allerdings, wie ein Mensch an die in seinem Gehirn gespeicherten Inhalte aktiv herankommt, sie aktualisiert, ist bis heute im Wesentlichen noch ein Rätsel. Erforscht ist nur, dass mit einer Erinnerung auch spezifische neuronale Aktivitätsmuster auftauchen. Diese Aktivitätsmuster sehen dem sogenannten Engramm ähnlich, das während des Prozesses der Gedächtnisbildung entstand (Vgl. 10). Das bedeutet, dass Sie z. B. ein bestimmter Duft augenblicklich an einen schönen Ort in Ihrer Kindheit zurückversetzt.
Man konnte herausfinden, dass ein Geruch, eine Stimmung, ein Geräusch, etc. einen Menschen dazu befähigen kann, bestimmte erlernte Inhalte leichter wieder abzurufen. Ist der Lernkontext also

positiv und angenehm, kann das Ihrem Kind dabei behilflich sein, auch noch im Erwachsenenalter Erlerntes abzurufen. Doch kann das Gedächtnis den Menschen auch täuschen.

So sollten Sie es Ihrem Kind nicht übelnehmen, wenn es Inhalte, die es gelernt hat, nicht immer vollkommen identisch abrufen kann. Neurobiologen konnten feststellen, dass eine bestimmte Erinnerung bei jeder Aktualisierung immer ein wenig verändert abgerufen wird. Sie bleibt mit anderen Worten niemals dieselbe, weshalb der Prozess des Erinnerns grundsätzlich ein sehr kreativer Prozess ist.

Die Formen des Gedächtnisses

Gedächtnis ist nicht gleich Gedächtnis.

Sich an die letzte Urlaubsreise oder an einen schönen Nachmittag mit Freunden erinnern, ist ein anderer Erinnerungsprozess als das augenblickliche Abrufen von Gedächtnisinhalten, die Ihnen nicht bewusst sind.
Eine Tür zu öffnen, sich die Schuhe zuzubinden oder eine andere alltägliche Tätigkeit zu verrichten, sind Vorgänge, die unbewusst ablaufen, d. h., Sie brauchen darüber nicht mehr nachzudenken.

Sie haben es einmal gelernt und das Gelernte ist abrufbereit. Dasselbe gilt für das Gespräch auf der Straße, im Büro oder sonst wo. Ohne darüber nachdenken zu müssen, können Sie aus Ihrem Wortschatz schöpfen und kommunizieren.

Machen Sie dagegen eine Prüfung und werden spezielle Kenntnisse abgefragt, sieht es mit der Erinnerung schon anders aus. Mühsam müssen Sie in Ihrem Gedächtnis graben, um sich die notwendigen Informationen in Ihr Gedächtnis zu rufen. Das zeigt Ihnen, dass es verschiedene Arten des Gedächtnisses gibt und Informationen offenbar in verschiedenen Arealen des Gehirns oder auf verschiedenen Bewusstseinsebenen abgespeichert werden. Dabei spielt es immer eine Rolle, welche Bedeutung eine Sache, ein Ereignis oder eine Erfahrung für Sie haben.
Während Ihnen der Name einer Person, die Sie am Vortag flüchtig kennenlernten, bereits wieder entfallen ist, sind Ihnen die Bekanntschaften aus Ihrer Kindheit namentlich und bildlich noch immer präsent.

Man unterscheidet heute zwischen den verschiedenen Formen des Gedächtnisses.

Zum einen gibt es das sogenannte implizite oder prozedurale Gedächtnis, in dem erlernte Verhaltensweisen, Talente und Gewohnheiten gespeichert sind. Die Fähigkeit, sich die Schuhe zu binden, ist also prozedural oder implizit. Dieses Gedächtnis betrifft motorische Handlungen, die Sie automatisch ausführen können, ohne darüber nachdenken zu müssen (Vgl. 11). Dieses Gedächtnis agiert sehr schnell, sind Sie doch gezwungen, Sinnesreize schnell richtig zuzuordnen.

Eine andere Form des Gedächtnisses betrifft Erinnerungen an bewusste Wahrnehmungen. Das können sowohl faktische Informationen sein als auch Erinnerungen an Sie selbst als agierende Einzelperson, was mit dem Ich-Bewusstsein verknüpft ist. Fakten, wie z. B. die Information, dass die Hauptstadt von Frankreich Paris heißt oder dass der Ball rund ist, werden im semantischen Gedächtnis abgespeichert.
Das bedeutet, dass Sie diese Fakten auch sprachlich ausdrücken können.

In der Psychologie und Neurobiologie wird das semantische Gedächtnis auch als explizites Gedächtnis bezeichnet, weil es Ihnen dazu dient, sich explizit auf unterschiedliche Weise auszudrücken.

Implizit ist eine Erinnerung dann, wenn sie nicht bewusst oder sprachlich ausgedrückt wird, wie eben eine motorische Handlung (Vgl. 12).

Doch die Speicherung von Inhalten in das explizite Gedächtnis, das synonym auch deklaratives Gedächtnis genannt werden kann, erfolgt stufenweise. Genau dieser psychologische Umstand nun ist es, der beim Lernprozess eine ganz entscheidende Rolle einnimmt. Geht es nämlich um die schrittweise Abspeicherung von erlernten Inhalten, muss zwischen Kurz- und Langzeitgedächtnis-Formen unterschieden werden. Nicht alles, was ein Mensch lernt, kann aus bestimmten Gründen dauerhaft abgespeichert werden, denn es ist wichtig, dem Gedächtnisprozess Zeit einzuräumen.

Bevor also ein Inhalt explizit, d. h. bewusst abrufbar abgespeichert wird, durchläuft es das Ultrakurzzeitgedächtnis, das als Gedächtnispuffer zwischengeschaltet ist. Es hat die Aufgabe, die sensorischen Reize aus der Umwelt zu filtern. Hat eine erlernte Information bei Ihrem Kind das Ultrakurzzeitgedächtnis passiert, erreicht es das eigentliche Kurzzeitgedächtnis. Man bezeichnet das auch manchmal als Arbeitsgedächtnis. In gewisser Weise ähnelt es dem Arbeitsspeicher eines Computers.

Obwohl es unterschiedliche Ansichten über die Bedeutung des Arbeitsgedächtnisses beim Lernprozess gibt, herrscht Einigkeit darüber, dass es jener Ort im Gehirn ist, an dem Inhalte zwischengespeichert werden. Das hat den Zweck, diese Informationen schnell abrufbar zu halten. Sie können sich also sofort an etwas erinnern. Doch das Kurzzeitgedächtnis ist bereits seinem Namen nach nicht für eine dauerhafte Speicherung von Informationen geeignet, da auch seine Speicherkapazität begrenzt ist. Sie sind in der Lage, Ihr Kurzzeitgedächtnis augenblicklich zu umgehen oder es sogar kurzzeitig abzulenken. Sie sind gerade kurzweilig mit etwas beschäftigt, als Sie plötzlich auf einen für Sie wichtigen Inhalt stoßen. Ist damit noch eine intensive emotionale Reaktion verbunden, werden die Informationen darüber an den Hippocampus geleitet, wo ihre dauerhafte Verarbeitung beginnt (Vgl. 13). Dann allerdings können Sie auch wieder in den Modus des Kurzzeitgedächtnisses zurückkehren.

Die Speicherung eines wichtigen Lerninhalts im Langzeitgedächtnis wird auch als Gedächtniskonsolidierung bezeichnet.

Mit den Kenntnissen über die Formen des Gedächtnisses beim Menschen und ihre Funktion bei der Verarbeitung von Erinnerungen wird Ihnen nun klar geworden sein, dass es einen Zeitpunkt gibt, der über Erfolg oder Misserfolg beim Lernen entscheidet: der Übergang vom Kurzzeitgedächtnis zum Langzeitgedächtnis.

Wird Ihr Kind während des Lernens abgelenkt, wird dieser Transitionsprozess unterbrochen. Entweder kann Gelerntes nicht dauerhaft abgespeichert werden, oder aber die Lerninhalte werden nur fragmentarisch, d. h. ungenau oder unrichtig, abgespeichert. Beides ist zu vermeiden.

Aus diesem Grunde muss der Lernatmosphäre eine bedeutungsvolle Bedeutung beigemessen werden, die in vielen Fällen allerdings heutzutage unberücksichtigt bleibt. Vielleicht ist es Ihnen selbst aus Ihrer eigenen Kindheit bekannt.

Das Lernen auf dem Weg zur Schule in Bus oder Bahn ist insofern ineffektiv, als dass es in der Regel nur das Kurzzeitgedächtnis aktiviert. Die Inhalte stehen zwar zu einem Test oder einer Prüfung eine Weile bereit, werden aber schnell wieder vergessen, sofern sie nicht in einer ruhigen Atmosphäre rekapituliert werden können.

Aber auch Medienkonsum während des Lernens ist kontraproduktiv. Die ständige Ablenkung lässt es nicht zu, dass Inhalte dauerhaft abgespeichert werden können.

Was Erinnerung ausmacht

Was aber ist es, was eine Erinnerung überhaupt entstehen lässt? Oder mit anderen Worten: Warum erinnern Sie sich an eine bestimmte Sache, während Ihnen etwas anderes sofort wieder entfällt? Neurowissenschaftler gehen in der Regel davon aus, dass 3 Faktoren existieren müssen, damit Sie sich an eine Erfahrung, ein Ereignis oder einen Inhalt erinnern können (Vgl. 14). Das sind:

1. Sprache

Der Mensch „ist“ erst dann, wenn er seine Muttersprache sprechen kann.

Sprache schafft Identität.

Erst mit dem Erlernen der Muttersprache wird das autobiografische Gedächtnis gebildet.

Es ist darum aufs Engste mit der Sprache verknüpft. Deswegen träumen Menschen auch in der Regel nur in ihrer Muttersprache.

Erst wenn ein Mensch in der Lage ist, sich durch die Sprache zu artikulieren und seine Persönlichkeit auszudrücken, können auch individuelle Erfahrungen und Erlebnisse als solche eingeordnet, bewertet und abgespeichert werden. Kleinkinder z. B., die noch nicht sprechen, können Erlebnisse nicht autobiografisch, d. h. in Bezug zu sich selbst, abspeichern. Sie leben in gewisser Weise in einer unbewusst-kollektiven Welt, in der das Ich-Bewusstsein, das auch durch die Sprache mit gebildet wird, noch nicht ausgeprägt ist. Aus diesem Grunde können Sie sich an Ereignisse Ihrer frühesten Kindheit nicht mehr erinnern.
Das Gedächtnis hatte noch nicht die notwendigen „Zuordnungsmöglichkeiten“, die es in späteren Jahren erhält.

2. Gehirnentwicklung

Die kognitiven Leistungen eines Kleinkindes sind mit den Hirnleistungen eines erwachsenen Menschen nicht zu vergleichen. Erst relativ spät, d. h. in der Pubertät, sind die neuronalen Netzwerke eines Menschen so weit entwickelt, dass die Speicherung von Erinnerungen auf optimale Weise vonstattengehen kann.
Das Erinnerungsvermögen eines Kleinkindes beschränkt sich in den ersten Lebensjahren nur auf Reflexe. Es weiß z. B., dass es an der Brust saugen muss, um Nahrung aufzunehmen. Erst mit 3 Jahren hat das Gehirn einen Reifegrad erreicht, bei dem das autobiografische Gedächtnis zu arbeiten beginnt.

3. Ich-Bewusstsein

Sind Kinder im Alter zwischen 2 und 3 Jahren, dann entwickeln sie nach und nach eine Vorstellung davon, wer sie als Individuum sind und was sie als eigenständige Person wollen.

Die Ich-Entwicklungs-Phase ist davon geprägt, dass ein junger Mensch sich über die Zusammenhänge seiner Umwelt bewusst wird.

Wer sind Opa und Oma und was machen sie?

Welche Rolle spielen sie?

Aber auch das Zeitbewusstsein entwickelt sich. Waren zuvor heute, morgen und gestern noch nicht existent, beginnen Kinder ab dem 3. Lebensjahr damit, Zeitabläufe wahrzunehmen. Haben Kinder das 5. Lebensjahr erreicht, ist dies daher ein günstiger Zeitpunkt, das sich entwickelnde Zeitbewusstsein spielerisch und kindgerecht mit dem Erlernen der Uhr zu konfrontieren.

Die 4 Lerntypen: Wie lernt Ihr Kind?

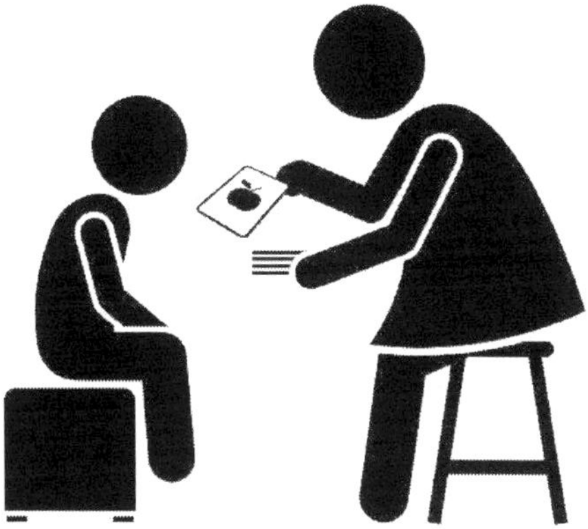

Mit dem Erlernen der Muttersprache und der Entwicklung des Ich-Bewusstseins bilden sich auch die individuellen Fähigkeiten Ihres Kindes immer mehr heraus. Mit 5 Jahren ist es dann an der Zeit, Ihrem Kind auch das Lesen der Uhrzeit beizubringen. Das wird ihm dabei helfen, seinen Tagesablauf ab diesem Zeitpunkt auch in einen temporalen Rahmen zu stellen.

Doch jedes Kind lernt anders.

Bevor Sie eine gezielte Auswahl aus den existenten Lernspielen zum Erlernen der Uhrzeit treffen, ist es vorteilhaft, sich im Klaren darüber sein, zu welchem der 4 Lerntypen Ihr Kind gehört.
Obwohl die Lernfähigkeit grundsätzlich modular ist und die Auswahl der Lernmethoden später

erweitert werden kann, sollten Sie mit einer zu Ihrem Kind unmittelbar passenden Methode beginnen. Dabei ist es wichtig, darauf zu achten, dass der Lerninhalt vielgestaltig präsentiert wird. Das bedeutet für den Lernprozess selbst, dass das Thema „Uhrzeit lesen“ unterschiedliche Areale im Gehirn ansprechen sollte.

Folgende Ebenen gibt es (Vgl. 17):

- Sprachliche Ebene (symbolisch)
- Anschauliche Ebene (ikonisch)
- Handelnd-motorische Ebene (enaktiv)

Je mehr Ebenen parallel eingesetzt werden, desto dauerhafter und nachhaltiger werden die Lerninhalte erinnert werden können.

Man unterscheidet heute im Allgemeinen zwischen 4 Lerntypen (Vgl. 18):

- Visueller Lerntyp
- Auditiver Lerntyp
- Kinästhetischer Lerntyp (haptisch)
- Kommunikativer Lerntyp

Kennen Sie den Lerntyp Ihres Kindes, kann es schneller und gründlicher lernen. Im Regelfall liegt eine Mischung aus den 4 Lerntypen vor, sodass niemand nur visuell oder nur auditiv ist. Das bedeutet, dass die Schwächen und Stärken Ihres

Kindes über die Lerntypen verteilt sind. Aus diesem Grunde ist Ihre Selbsteinschätzung an dieser Stelle gefragt.

Sie kennen Ihr Kind am besten, und vielleicht haben Sie schon einmal beobachten können, welche Lernprozesse bei Ihrem Kind am meisten Erfolg haben. Aber woran nun erkennt man die verschiedenen Lerntypen?

Der Visuelle Lerntyp

Hat sich Ihr Kind schon einmal in die Bilder eines Kinderbuchs vertieft? Beschäftigt es sich viel mit Bildmaterialien?

Dann könnte es sein, dass Ihr Kind ein visueller Lerntyp ist. Wer visuell lernt, schaut zu und betrachtet Dinge gerne. Dabei spielt das geschriebene Wort keine wichtige Rolle. Die Informationen, um die es beim Lernen geht, werden über Bilder oder Fotos, aber auch über Videos, aufgenommen.

Mit dieser Methode kann Ihr Kind die besten Lernergebnisse erzielen. Auch das Lernen durch Malen spricht den visuellen Lerntypen an.
Obwohl auch vorgefertigtes Lernmaterial zum Erfolg führt, ist es möglich, den Lerneffekt zu steigern, indem Sie Ihrem Kind aufgeben, die Inhalte, um die es geht, selbst bildhaft darzustellen. Dabei können Sie natürlich behilflich sein und die Gelegenheit nutzen, Dinge zusätzlich zu erklären. So können Sie Ihr Kind auch auf Eselsbrücken aufmerksam machen, mit denen sich Inhalte gut abrufen lassen (Vgl. 19).

Bei Kindern im Alter ab 5 Jahren kann natürlich noch kein bildhafter Sprachausdruck erwartet werden, wohl aber, dass sie auf starke Gesten und eine intensive Mimik reagieren. Auch das wäre ein Zeichen dafür, dass Ihr Kind zu diesem Lerntyp zu zählen ist.

Der Auditive Lerntyp

Hört Ihr Kind Ihnen aufmerksam zu, wenn Sie eine Geschichte erzählen? Oder vielleicht liebt es Audiobooks für Kinder oder lauscht gerne der einen oder anderen Musik?

Wenn das auf Ihr Kind zutrifft, könnte die Lernmethode, mit der es am besten weiterkommt, z. B. aus Vorlesen von Lerninhalten bestehen (Vgl. 20). Auditive Lerntypen haben dabei keine Schwierigkeiten, auch über längere Zeit ihre Konzentration hochzuhalten, was dem visuellen Lerntyp in diesem Falle schwerfallen würde.

Kinder, die zu diesem Lerntyp gehören, sind auch oft sehr sprachbegabt und entwickeln schon früh eine bildhafte Sprache. Mit Bildern und Fotos werden Sie Ihrem Kind in einem solchen Falle beim Lernen weniger behilflich sein.

Eine weitere Lernmethode, die für den Auditiven Lerntyp gut geeignet ist, besteht im lauten Vorlesen. Entweder können Sie Ihrem Kind auf diese Weise Lerninhalte vermitteln oder aber Ihr Kind übt sich selbst im lauten Vorlesen, wobei es zusätzlich seine Lesefähigkeiten trainiert.

Der Kinästhetische Lerntyp (haptisch)

Ist Ihr Kind ein Praktiker? Liebt es Baukästen? Bastelt es gerne? Ist das Prinzip „Learning by Doing“ das Richtige für Ihr Kind?

Wenn das zutrifft, ist Ihr Kind haptisch ausgerichtet, was bedeutet, dass es Dinge ausprobieren muss, um sie zu ergründen und zu erlernen. Anfassen ist verstehen und auch natürlich verinnerlichen. Lernspiele sollten daher Aufgaben enthalten, bei denen die Hände eingesetzt werden müssen, wie z. B. bei Bastelarbeiten oder Rollenspielen, bei denen der Lerninhalt durch eine konkrete Situation erfasst werden muss (Vgl. 21).

Für den kinästhetischen Lerntyp dienen die Berührungserfahrungen im späteren Verlauf des Lernens als eine Art mentale Stütze oder als ein Hilfsmittel, mit dem es gelingt, erlernte Inhalte jederzeit abzurufen. Wenn keine vorgefertigten Materialien zur Verfügung stehen sollten, könnten Sie Ihr Kind auch dazu inspirieren, eigene Lernübungen zu gestalten.
Die eigene Kreativität einzusetzen, um etwas zu lernen, ist vielleicht der effektivste Weg, um schon früh das Leben als einen Lernprozess zu verstehen.

Die Kommunikative Lerntyp

Ist Ihnen aufgefallen, dass Ihr Kind sich gerne mit Ihnen unterhält, dass es versucht, Probleme mit seinen kindlichen Fähigkeiten anzusprechen? Ist Ihr Kind mitteilungsfreudig?

Wenn das der Fall ist, sprechen die Umstände dafür, dass Ihr Kind zum Kommunikativen Lerntyp gehört. Das bedeutet, dass es das Gespräch sucht, um sich Dinge besser einzuprägen und Neues zu lernen. Die nachhaltige Speicherung und Einordnung von Lerninhalten erfolgen durch die Kommunikation. Dabei dienen Einzelheiten eines Gesprächs dazu, dass sich Ihr Kind später an Erlerntes erinnert.

Für den Kommunikativen Lerntyp sind kleine Gruppen, in denen zusammen gelernt werden kann, eine ideale Lösung. Die rege spielerische Kommunikation zwischen den teilnehmenden Kindern wird Ihrem Kind helfen, effektiver zu lernen. Nicht unwichtig ist es zudem, dass solche Lerngruppen in regelmäßigen Abständen stattfinden, damit das Kommunikationsgeschick Ihres Kindes immer wieder von Neuem trainiert werden kann. Aber auch außerhalb der Lernstunden sollten Sie Ihr Kind fordern.

Stellen Sie Fragen zu den erlernten Inhalten, damit die Informationen rekapituliert werden müssen (Vgl. 22).

Kriterien zur Auswahl von Lernspielen

Lerntypen können Ihnen als Kriterium zur gezielten Auswahl von Methoden zum Erlernen der Uhrzeit dienlich sein. Doch trotz dieser Modelle sollten Sie nie die Individualität Ihres Kindes außer Acht lassen. Für Sie bedeutet das in der Praxis, dass Sie versuchen sollten, die Stärken und Schwächen Ihres Kindes zu benennen.
Oft werden Lernmethoden gewählt, die entweder Schwächen nicht berücksichtigen oder überbetonen bzw. Stärken nicht fördern. Dann ist oft alle Mühe vergebens.

Was sind nun die Stärken und Schwächen oder was können sie sein? Stärken und Schwächen sind immer Paare.

Kennen Sie eine Stärke, kennen Sie meistens auch eine Schwäche und umgekehrt. Darum ist es möglich, die Schwächen Ihres Kindes in Stärken umzuwandeln. Einige Beispiele dazu finden Sie weiter unten.

Wollen Sie Schwächen ausfindig machen, sollten Sie sich immer über folgende Dinge im Klaren sein (Vgl. 23):

- Beurteilen Sie Ihr Kind nicht mit den Augen eines Erwachsenen, der in einer leistungsorientierten Gesellschaft lebt und arbeitet.

- Das, was Sie als Schwäche definieren mögen, mag für Ihr Kind eine Stärke sein.

- Versuchen Sie nicht nur das Negative zu sehen.

- Auch wenn Ihr Kind viel Unsinn macht, ein Zappelphilipp ist und Sie der Ansicht sind, dass es Schwierigkeiten hat, sich auf etwas länger zu konzentrieren, muss das kein Nachteil für sein späteres Leben sein.

- Passen Sie nun erst einmal die Lernmethode an diese vermeintliche Schwäche an, die später zur Grundlage für ein aktives und bewegtes Leben werden kann.

- Bedenken Sie immer, dass die Schwächen eines Menschen stets eine höhere Strahlkraft haben. Das gilt auch für Kinder. Lassen Sie sich also nicht unbedingt von den Ansichten von Lehrern oder Lehrerinnen beunruhigen.

- Was andere Menschen an Ihrem Kind stört, mag sich ebenfalls zu einer positiven Komponente im späteren Leben entwickeln.

- Ein Kind, das Schwierigkeiten hat, in einer Gruppe zu lernen, hat deshalb nicht unbedingt lebenslange Probleme mit seiner Sozialkompetenz.

- Versuchen Sie Ihrem Kind gegenüber, vorhandene Schwächen nicht zu betonen. Weisen Sie Ihr Kind nicht ständig darauf hin, dass es dieses oder jenes nicht kann oder nicht versteht.

- Das wäre ein psychologischer Fehler, der sich im späteren Leben rächen mag. Menschen, die in ihrer Kindheit ständig mit ihren Defiziten konfrontiert wurden, haben oft Schwierigkeiten, ein gesundes Selbstbewusstsein zu entwickeln.

- Wer aber erfolgreich lernen will, muss sich seiner eigenen Fähigkeiten auch bewusst sein.

- Vermeiden Sie es aber auch, dass sich die Schwächen Ihres Kindes auf Sie selbst übertragen. Auch das ist möglich und schränkt Ihre Kompetenz als Eltern stark ein.

- Kinder merken, wenn es etwas nicht stimmt. Sie merken es in aller Regel schneller als Erwachsene und sie nehmen Spannung viel emotionaler wahr.
- Ein solches Verhalten kann die Entwicklung Ihres Kindes leicht ausbremsen und negativen Einfluss auf sein Lernverhalten haben.

- Außerdem sind Schwächen immer nur dann Schwächen, wenn sie als solche herausgestellt und definiert werden.

- So hat ein Kind, das Leseschwächen hat, vielfach ein ausgezeichnetes Gedächtnis.

- Ein Kind, das rechenschwach ist, hat dafür die Fähigkeit, kreative Wege zu finden und die Probleme dennoch zu meistern.

- Betonen Sie immer die Stärken, die Ihr Kind hat.

- Jedes Kind hat seine Stärken, so wie auch die Persönlichkeit eines jeden Kindes komplex ist.

- Holen Sie Ihr Kind immer dort ab, wo es steht, und vermeiden Sie es nicht, es in dem, was es gut kann, durch Lob zu bestärken.

- Vielleicht ist es sinnvoll, dass Sie ein sogenanntes „Stärkenprofil" Ihres Kindes erstellen, welches es Ihnen erleichtert, festzustellen, ob und wie sich Ihr Kind in dem einen oder anderen Punkt verbessert.

- Es kommt immer auf die Sichtweise an, die Sie als Eltern einnehmen.

Aus Schwächen Stärken machen

Gehen Sie verständnisvoll mit den Schwächen Ihres Kindes um, finden sich Wege, diese in Stärken umzuwandeln.

Hier einige Beispiele (Vgl. 24):

❖ *Schwächen „Verträumtheit, Einzelgänger“*

Ist Ihr Kind verträumt, gedankenversunken und darum relativ unkommunikativ, zeigt es selten Interesse daran, mit andern zu spielen.

Ist es in den Schulpausen oft allein und zurückgezogen, bedeutet das, dass Ihr Kind folgende Stärken aufweist:

- Innere Zufriedenheit
- Ausgeglichenheit
- Selbstgenügsamkeit

Das bedeutet ferner, dass Ihr Kind einen Ruhepol innerhalb einer Gemeinschaft oder Gruppe darstellen kann, was sich wiederum positiv auf das Verhalten der anderen auswirkt.

❖ *Schwächen „Hyperaktivität, Störer“*

Wer nicht stillsitzen kann und darum Lernschwierigkeiten hat, wer Unruhe in eine Gruppe bringt, weil er einen übermäßigen Bewegungsdrang verspürt, wer aus diesen Gründen als Störer wahrgenommen wird, verfügt über die Stärke einer Hochmotiviertheit, was sich in verschiedenen Dingen, wie z. B. bei sportlichen Aktivitäten, ausdrückt.

❖ *Schwächen „Übermäßige Gesprächigkeit, Plappermaul“*

Redet Ihr Kind ohne Unterlass, fällt ihm ständig etwas ein, was es anderen Kindern mitteilen möchte, und stört es damit den Unterricht und andere Kinder beim Lernen, hat es die Gabe, besonders kommunikationsstark zu sein. Die Stärke

Ihres Kindes ist eine ausgeprägte Kontaktfreudigkeit, weshalb es sich gut in Gruppen integrieren kann. Außerdem spricht diese vermeintliche Schwäche dafür, dass Ihr Kind bereit ist, sich im Leben auch um andere Menschen zu kümmern und sich für Ihre Belange zu interessieren und einzusetzen.

- ***Schwächen „Schüchternheit, Feigheit“***

Wenn Ihr Kind schüchtern ist, vielleicht sogar als Feigling betitelt wird, wenn es sich am Unterricht nicht rege beteiligt, sondern schweigsam bleibt, ist das ein Hinweis darauf, dass seine Stärke in der Fähigkeit besteht, anderen Menschen zuzuhören.

Außerdem kann es sich viele Dinge einprägen, weil es mehr beobachtet, als aktiv teilzunehmen.

Das kann bedeuten, dass Ihr Kind der ideale Streitschlichter werden kann, der anderen Menschen als Ansprechpartner zur Verfügung steht.

Wenn Ihr Kind nicht lernen will

Lernunwilligkeit ist vielleicht das größte Problem, vor dem Eltern irgendwann stehen. Häufig wird diese Lernunwilligkeit aber mit einer mangelnden Lernfähigkeit verwechselt. Beides hat nicht unbedingt etwas miteinander zu tun. Doch es ist wichtig, darauf zu achten. Wenn es Ihnen auffällt, steuern Sie früh dagegen. Andernfalls kann es vorkommen, dass sich bestimmte Verhaltensweisen, die dem Lernen entgegenstehen, nur verfestigen und Ihr Kind dauerhafte Probleme bekommt.

Oft zermartern sich Eltern den Kopf, woran es liegen kann, dass ihr Kind nicht lernt. Nachstehend eine Auswahl aus möglichen Gründen (Vgl. 25):

1. Motivationstief

Nicht jeder Mensch ist der optimale „Selbstmotivierer“. Auch Kinder sind davon betroffen. Während die Lernmotivation anfangs durchaus vorhanden ist, nimmt sie manchmal auch rapide wieder ab.
Ein Grund kann sein, dass die Neugierde auf das Neue, das die Schule erst einmal bietet, nachlässt. Ein anderer Grund ist nicht selten Stress, verursacht durch Mitschüler oder einen Schulwechsel oder zu viele „Freizeitaktivitäten“. Auch kann ein

verstärkter Leistungsdruck zu mehr Stress führen. Vielleicht wird Ihr Kind sogar von Lehrkräften beim Lernen unter Druck gesetzt.

2. Angst vor Fehlern

Nicht wenige Kinder werden auch von zu Hause aus zu einer unbedingten Leistungsfähigkeit erzogen, oftmals, ohne dass man auf die Belange und Bedürfnisse der Kinder selbst Rücksicht nimmt. Die Angst, Fehler zu machen, schleicht sich oft schon früh im Leben ein und kann noch das Leben eines Erwachsenen negativ beeinflussen. Haben Kinder Angst, Fehler zu machen, weil sie vielleicht in der Schule deswegen gehänselt werden, suchen sie nach Wegen, dem Lernen zu entgehen.

Auf diese Weise wird Lernen für sie zu etwas Negativen. Der Spaß, den sie eigentlich haben sollten, geht ihnen verloren.

3. Ablenkungsfaktoren

In der heutigen Zeit gibt es sehr viele Möglichkeiten, durch die ein Kind vom Lernen abgelenkt werden kann. Wenn es durch die Ablenkungen genötigt wird, sich dem Lernen zu verschließen, ist es höchste Zeit, etwas dagegen zu tun.

Damit ist nicht das Normalmaß an spielerischen Ablenkungen gemeint, die Kinder unbedingt brauchen, weil es zu ihrem Leben dazugehört. Hauptablenkungsgrund sind heutzutage diverse digitale Medien.
Es kann aber auch sein, dass Ihr Kind einen so großen Freundeskreis hat, dass es vom Lernen abgehalten wird. Das kann auch ein spezieller negativer Einfluss von Freunden sein. Aus diesem Grunde ist bei Lernunwilligkeit darauf zu achten, mit welchen Freuden sich ihr Kind trifft und spielt.

4. Unterforderung

Tatsächlich kann die Tatsache, dass Ihr Kind nicht lernen will, auf eine Unterforderung zurückzuführen sein. Das kommt vor, wenn Lernaufgaben für Ihr Kind zu leicht sind und es deshalb nicht motiviert ist.

Wie Sie Ihr Kind motivieren können, dazu werden Sie weiter unten nähere Einzelheiten erfahren. Allerdings sollten Sie zuvor mit Ihrem Kind klären, was die Gründe für die Demotivation sind. Verbote oder Strafen sind hier sicherlich fehl am Platz.

<u>**Wie Sie Ihr Kind motivieren können**</u>

Es ist schon mehrfach angeführt worden, dass das, was für Erwachsene Gültigkeit hat, auch auf Kinder anzuwenden ist. Das betrifft hauptsächlich das sogenannte „Down Shifting“, das „Herunterfahren“ (Vgl. 26).

Kinder, die ständig gefordert werden, können irgendwann nicht mehr das leisten, was von ihnen erwartet wird. Die Schonung der eigenen Ressourcen, das Haushalten mit den eigenen Kräften, sollte ab einem gewissen Alter auch Kindern beigebracht werden. Das ist ganz besonders in der heutigen Zeit wichtig, wo Kinder unterschiedlichsten medialen Ablenkungen folgen können, die vielfach ihre Kräfte aufbrauchen.

Nicht wenige Kinder klagen bereits im Vorschulalter über erste Stress-Symptome, wie Kopfschmerzen, Konzentrationsstörungen oder sogar Migräne. Dann ist es an Ihnen als Eltern, Ihren Kindern die notwendige Ruhe zu verschaffen. Auch hier ist ein Zeitmanagement vonnöten.

Bekommt Ihr Kind zwischen den Lernphasen ausreichend Ruhe und Entspannung oder einfach nur Zeit zum Träumen oder Spielen, fügt sich der Lernprozess nicht nur reibungslos in den Tag ein, Sie steigern damit auch die Lust Ihres Kindes auf das tägliche Lernen.

Nachstehend einige praktische Tipps, mit denen Sie die Motivation Ihres Kindes steigern können (Vgl. 27).

Wo es sich gut lernen lässt ...

Ist das Zimmer Ihres Kindes unaufgeräumt?

Wenn das der Fall ist, sorgen Sie zuerst dafür, dass Ihr Kind einen Ort zum Lernen hat, der aufgeräumt ist. Fühlt sich Ihr Kind grundsätzlich wohl, erleichtert dies die Lernbereitschaft. Auch ist es wichtig, dass Ihr Kind eine gute Sitzgelegenheit hat. Im Liegen auf dem Bett lernt es sich nicht gerade optimal. Ihr Kind sollte auf einem Stuhl an einem Tisch sitzen können und genügend Platz haben, um alle Lernmaterialien ausbreiten zu können.
Platzmangel ist zu vermeiden. Alle Dinge, die es benötigt, sollten erreichbar sein. Etwas während

des Lernens mühevoll suchen zu müssen, lenkt ab und unterbricht den Lernprozess. Ferner ist darauf zu achten, dass der Lernort ruhig ist. Wer an einer befahrenen Straße wohnt, sollte alle Geräusche von draußen verbannen. Auch ist eine gute Belüftung wichtig. Ein Raum mit ausreichend Tageslicht bietet auch eine gute Lernumgebung.

Kunstlicht ist nur dann angebracht, wenn es draußen dunkel ist. Tagsüber ist es am besten, wenn das Lernen an einem naturhellen Ort stattfindet – im Sommer darf es auch einmal der Balkon oder Garten sein. Sonne und frische Luft wirken Wunder.

Ein wichtiger Faktor für erfolgreiches Lernen ist die Abwesenheit jegliche Gegenstände und technischer Geräte, die Ihr Kind in seiner Konzentration stören können. Das gilt für Handy, Radio, Fernseher und PC. Natürlich sollte Ihr Kind auch immer das Mitspracherecht haben.

Wenn es einen Ort hat, an dem es sich wohlfühlt und gut lernen kann, und Sie gegenteiliger Ansicht sind, verlassen Sie sich in diesem Falle auf seine Meinung. Manchmal verändern sich die Gewohnheiten von Kindern sehr schnell. Schneller als es die Eltern bemerken.

Berücksichtigen Sie dies auch immer, wenn es um die passende Lernumgebung geht.

Der pädagogische Hintergrund besteht darin, dass Sie damit die Selbstbestimmtheit Ihres Kindes fördern. Es kann mitentscheiden, wo es lernen will. Das stärkt das Selbstbewusstsein.

Der Wohlfühlfaktor

Ein Mensch, der sich wohlfühlt, kann besser lernen. Das gilt besonders für Kinder. Das bedeutet, dass nicht nur die Umgebung zum Lernen einladen sollte, sondern dass Sie auch auf die Befindlichkeit Ihres Kindes achten müssen. Da Sie Ihr Kind am besten kennen, werden Sie wissen, was es liebt: Vielleicht ist es ein gutes Frühstück zusammen mit den Eltern am Wochenende, bevor es ans Lernen geht.
Oder vielleicht ist es wichtig, dass sich Ihr Kind vor dem Lernen sportlich verausgaben kann, um die notwendige Konzentration zu haben. Oder aber Ihr Kind braucht Ihre Nähe beim Lernen – unterstützen Sie Ihr Kind da, wo es Sie braucht.

Jeder Mensch ist verschieden, wenn es darum geht, was er unter einem gelungenen Tag versteht. Auf keinen Fall sollte bei Ihrem Kind das Gefühl aufkommen, dass ein Tag ein Lerntag ist, an dem es nur lernen muss. Darum ist darauf zu achten, dass alle Lernspiele gut in den Tagesablauf integriert sind.

Es kann auch Sinn ergeben, am Morgen den Tagesablauf mit Ihrem Kind zu besprechen, damit es sich mental auf das Lernen vorbereiten kann. Um sich beim Lernen wohlzufühlen, muss der Zeitpunkt des Lernens am Tag richtig gewählt sein. Sie wissen am besten, wann Ihr Kind ausgeruht ist, wann es eher nervös und wann hoch konzentriert ist.

Jeder Mensch hat seine Tagesform, die sich tagsüber ändert. So auch Kinder. Finden Sie heraus oder fragen Sie Ihr Kind, wann es am besten lernen kann. Vermeiden Sie es aber, die anderen Aktivitäten Ihres Kindes durch die Lernspiele einzuschränken. Das kann zu einem Motivationsverlust führen, der dem Lernen nur abträglich ist.

Wichtig ist es auch, dass es ausreichend Pausen während des Lernens gibt. Es ist der Motivation abträglich, wenn erst der Kopf schmerzen muss, bevor das Lernen unterbrochen wird. Ein Getränk oder eine bisschen Bewegung zwischendurch sind immer eine gute Option. Durchatmen hilft dabei, den Lern-Spaß hochzuhalten. Der Zeitpunkt sollte sich natürlich auch danach richten, wie sehr Ihr Kind von der Vorschule oder Schule gestresst ist. Kein Kind will nach dem Lernen weiterlernen, was bedeutet, dass zwischen der Schule und den Lernspielen immer ein paar Stunden vergehen sollten, die Ihr Kind frei gestalten kann.

Die Ferien sollten nach Möglichkeit auch Ferien bleiben, d. h. vermeiden Sie in dieser Zeit etwaige Lernprogramme.

Schulisches raushalten

In der Einleitung wurde bereits gesagt, dass Leben Lernen bedeutet und dass es wenig zielführend ist, wenn ein Mensch denkt, er lerne „für" das Leben. Vielmehr lernt es mit dem Leben. So sollte auch schon Ihr Kind den Lernprozess verstehen. Es ist darum empfehlenswert, Vorschule oder Kindergarten zu Hause gewissermaßen vom Lernen abzukoppeln.

Wie weit, das bleibt Ihrer Einschätzung überlassen. Es sollte aber bedeuten, dass Sie Schulisches nicht privat zum Hauptthema machen. Für Ihr Kind ist das Zuhause ein schützender Raum und auch ein sicherer Ort der Entspannung, wo es sich vom Alltag in Vorschule oder Kindergarten erholen kann.

Dabei ist immer der Stressfaktor zu beachten. Ein gestresstes Kind muss sich ablenken können, durch Spielen, Herumtollen oder durch viel Bewegung mit Freunden. Lernen ist nur dann sinnvoll, wenn Ihr Kind sich nicht genötigt fühlt, eine gewisse Demotivation dem Lernprozess gegenüber aufzubauen.

Auch wenn es sich in diesem Alter noch nicht um den Ernst des Lebens per se handelt, entwickeln Kinder nicht selten schon eine gewisse Aversion gegen den Schulalltag in frühen Lebensjahren.

Am besten lernen viele Kinder, wenn Sie die Lerninhalte ganz „unschulisch“ in den Alltag integrieren, wie z. B. Aufgaben mit der Uhrzeit beim Backen in der Küche (Vgl. 28).

Unterstützung & Lob

Unterstützen Sie Ihr Kind beim Lernen, wo Sie nur können. Kinder brauchen das Feedback, was sie immer wieder neu motiviert.

„Das machst du ganz toll!“

„Weiter so!“

„Du schaffst das!“

Auf diese Weise stärken Sie das Selbstvertrauen Ihres Kindes und verhindern demotivierte Phasen. Je mehr und länger ein Kind an mangelnder Motivation leidet, desto stärker ist sein Selbstvertrauen betroffen.
Vermeiden Sie also, dass es sich in eine solche negative Motivationsschleife begibt, und äußern Sie Ihrem Kind gegenüber Anerkennung und Wertschätzung, und zwar unabhängig von seinen

Leistungen. Derartige Erfolgserlebnisse zu Hause wirken sich positiv auf das allgemeine Verhalten Ihres Kindes aus.

Doch wie sieht ein erfolgreiches Lob aus?

Fest steht, dass es auch so einige Möglichkeiten gibt, wie Sie Ihr Kind auf die falsche Weise loben oder belohnen können. „Wenn du das schaffst, darfst du heute Abend länger fernsehen."

Diese Art der Belohnung wirkt in der Regel nur recht kurzfristig, da Sie Ihr Kind nicht dazu bringen, aus eigenem Antrieb heraus zu lernen. Auch die beliebten Süßigkeiten als Form der Anerkennung für eine gute Leistung sind ebenfalls kontraproduktiv.
Die vielleicht beste Motivation für ein Kind ist es, wenn Sie es derart loben, dass es in seiner Handlung bestärkt wird (Vgl. 29). Dabei betonen Sie nicht das Ergebnis, sondern das Engagement.

Sagen Sie z. B.

„Du konzentrierst dich aber heute wieder super."

„Toll, wie du das ganz alleine geschafft hast!"

anstelle von

„Schön, dass du jetzt diese oder jene Punkte kannst."

Das fördert das Selbstvertrauen in seine Fähigkeiten unabhängig von den jeweiligen Lerninhalten und bringt es dazu, sich auch bei anderen Dingen anzustrengen.

Das Zeitgefühl Ihres Kindes

Hinterfragen Sie als Erwachsener gelegentlich die Zeit? Haben Sie schon einmal näher darüber nachgedacht, wie sehr Sie in Eile, Hektik und Aufregung leben und sich selbst unter Stress setzen?

Wenn nicht, dann bietet sich eine gute Gelegenheit, es zu tun, sobald es ansteht, Ihrem Kind das Lesen der Zeit beizubringen. Erziehungswissenschaftliche Studien haben ergeben, dass sich Lernen zuallererst im Spiel abspielt (Vgl. 30). Gerade, was das Erlernen der Zeit betrifft, ist das von größter Bedeutung, denn nur Kinder, die die Möglichkeit der zeitlichen Mitbestimmung bekommen, können letztlich auch eine Zeitkompetenz erwerben.

Das Zeitgefühl eines Kindes wird durch das Erlernen der Uhr und dem Verstehen zeitlicher Abläufe auf eine harte Probe gestellt, unterscheidet es sich doch sehr von dem des erwachsenen Menschen. Ganz im Gegensatz zu Erwachsenen, die bereits in aller Regel mit dem 20. Lebensjahr das Gefühl bekommen, alles liefe immer schneller ab, leben Kinder in einem Zeitfluss, in dem sie die Dinge des Alltags intensiver wahrnehmen (Vgl. 31). Kinder in einem Alter zwischen vier und fünf Jahren nehmen Zeitabläufe als solche immer nur dann wahr, wenn etwas geschieht. Das kann in einigen Fällen noch im Alter von 7 Jahren der Fall sein.

Der Prozess, den Zeitbegriff bzw. die Zeiteinheiten der Uhr von dem zu trennen, was sie selbst gerade tun, ist für sie alles andere als einfach. Vielleicht kennen Sie es noch aus Ihrer eigenen frühen Kindheit. Auch der Umstand, dass Kinder einen Menschen, der größer ist als sie, automatisch auch für älter halten, ist auf das kindliche Zeitgefühl zurückzuführen.
Erst später lernen sie, dass das Alter eines Menschen nichts mit seiner Körpergröße zu tun haben muss. Mit zunehmender Entdeckung der Umwelt nimmt natürlich auch die Häufigkeit von Aktivitäten zu, bei denen es um mehr oder weniger festgelegte Zeitabläufe geht. Es ist eine durch viele Studien belegte Tatsache, dass erst Kinder, die ins Grundschulalter kommen, die Zeit als einen von äußeren Aktivitäten unabhängigen Prozess verstehen.

Bis zu dieser Zeit ist es noch schwer, zu verstehen, wie lange die 10 Minuten dauern, bis die Mutter das Essen fertig hat oder wie lange der Weg im Auto des Vaters in die Vorschule dauert. Erst mit dem Schuleintritt wird die Zeit als abstrakte Größe für Kinder greifbar und sie entwickeln ein Zeitgefühl. Das Kind lernt, wie es mit Zeiteinteilungen und Zeiteinheiten umzugehen hat (Vgl. 32).

Immerhin ist es wichtig, zu wissen, wann es Zeit fürs Aufstehen für die Schule ist und wann diese am Tag wieder endet.

Wenn Sie Ihrem Kind vorher aufgaben, es solle in 5 Minuten fertig zum Gehen sein, werden diese Worte auf „taube Ohren“ gestoßen sein. Doch die Tatsache, dass das kindliche Zeitgefühl mit 5 Jahren eine Veränderung erfahren kann, bei der es mit festen Zeiteinheiten konfrontiert wird, soll nicht heißen, dass Sie Ihrem Kind ständig Zeitbegriffe, wie z. B. „sofort“, „gleich“, „in 5 Minuten“ etc. vorhalten sollten. Gehen Sie es geduldig an.

Auch das Erspielen von Fakten wird am besten langsam gestaltet. Drücken Sie zeitliche Angaben z. B. nach Möglichkeit so aus, dass diese mit einem konkreten Ereignis verknüpft sind, wie z. B. „nach dem Essen werden wir dies oder das machen“, oder „wenn du aus dem Kindergarten kommst, machen wir dieses oder jenes“. Mit anderen Worten sollte der Zeitverweis immer an etwas Konkretes gebunden sein.

Auf diese Weise erlernen Kinder den Umgang mit der Zeit mehr im Sinne einer „gefühlten Zeit“. Kinder sollten grundsätzlich mit Eintritt in die 2. Grundschulklasse die Uhr lesen können und ein gutes Zahlenverständnis entwickelt haben, d. h. zwischen 6 und 7 Jahren. In den meisten Schulen ist die Uhrzeit Bestandteil des Lehrplans für diese Klassenstufe.

Am besten ist es natürlich, wenn Ihr Kind die Uhr bereits lesen kann, bevor es in die 2. Klasse kommt, d. h. mit etwa 6 Jahren (Vgl. 33).

Das wird ihm ein erstes großes Erfolgserlebnis bescheren und weitere Motivation fürs Lernen geben.

Es gibt allerdings auch Kinder, die schon im Vorschulalter damit beginnen, die Uhrzeit zu erlernen, vielleicht, weil sie sich dafür interessieren, vielleicht aber auch, weil sie über besondere Fähigkeiten verfügen.

In jedem Falle geht es darum, Ihrem Kind die Uhr schrittweise zu erklären, wobei Sie einen bestimmten Lernablauf einhalten sollten, damit Ihr Kind nicht zu schnell überfordert wird. Eine Überforderung findet immer dann statt, wenn das kindliche Zeitgefühl nicht mit den festgelegten Zeiteinteilungen zurechtkommt. Ist ein Schritt erlernt, folgt der nächste. Der Spieltrieb eines Kindes dient dabei dem Lernprozess. Lernspiele, wie z. B., das Uhren-Würfelspiel oder die Lern-Uhr für Schüler, die weiter unten genau erläutert werden, sind nachweislich erfolgreiche Lernmethoden.

Natürlich ist ein Kind, welches die Uhr lesen kann, selbstständiger als ein Kind, welches noch in seinem zeitunabhängigen Lebensfluss befindlich ist. Das bedeutet, dass Ihr Kind z. B. pünktlich nach der Schule nach Hause kommt oder aber weiß, zu welcher Uhrzeit etwas erledigt werden muss. Hat es bereits mit 5 Jahren die Uhrzeit erlernt, ist es eine gute Idee, Ihrem Kind mit der Einschulung eine Armbanduhr mit Ziffernblatt zu schenken.

Handys mit Digitalanzeige eignen sich in diesem Falle schlecht. Das Analoge ist dem Digitalen hierbei vorzuziehen. Doch erwarten Sie nicht sofort, dass Ihr Kind die Zeit so versteht, wie Sie es als Erwachsener tun.

Erst mit etwa 9 Jahren haben Kinder diese Fähigkeit erlangt. Erst dann können Sie gedanklich nachvollziehen, dass 60 Minuten ihres eigenen Lebens genau den 60 Minuten entspricht, die weit entfernt in einem anderen Land vergehen. Und obwohl der eigentliche Zeitverlauf auf der Uhr immer derselbe ist, gibt es zudem noch unterschiedliche Zeitzonen auf der Erde, die wiederum aber mit einem übergeordneten Zeitsystem zu tun haben. Sie wissen dann aber auch, dass zwar die Zeit überall gleich gemessen wird, dass diese aber von jedem Menschen unterschiedlich lang wahrgenommen wird.

Erst wenn sie die „gefühlte Zeit“ intellektuell erfassen können, sind sie auch in der Lage, sie zu erklären und bewusst nachzuvollziehen (Vgl. 34).

In 8 Schritten zum Lernerfolg

Geduld, Geduld und abermals Geduld.

Das sollte das Grundprinzip sein, wenn Sie Ihrem Kind die Uhr beibringen. Parallel zu den nachstehenden 8 Schritten, mit denen Ihr Kind das Lesen der Uhrzeit erlernen kann, ist es sinnvoll (Vgl. 35):

- Die Bedeutung der Zeit bei alltäglichen Abläufen immer wieder anzusprechen
- Tagesereignisse von vornherein mit Uhrzeitangaben zu verbinden.

Auf diese Weise wird Ihr Kind dazu angehalten, sich gedanklich mit dem Konzept der Zeit praktisch auseinanderzusetzen.

Sagen Sie z. B.: „In 5 Minuten fahren wir los“, oder „In einer halben Stunde gibt es Abendessen“. Oftmals wissen Eltern nicht so recht, wie sie beginnen sollen, Ihrem Kind die Uhrzeit beizubringen.

Wichtig ist es, dass Sie einen Grund finden, der für Ihr Kind nachvollziehbar und verständlich ist. Bedenken Sie immer, dass die Zeit für Ihr Kind etwas anderes ist als für Sie. Darum besteht eine Möglichkeit darin, sich zu überlegen, welches Ereignis es geben könnte, bei dem die Uhrzeit für Ihr Kind eine besonders wichtige Rolle spielt.

Ist es das Spielen mit Freunden am Nachmittag?

Die Zeitspanne, die es braucht, um morgens mit Freund oder Freundin zur Schule zu kommen oder vielleicht das Sporttraining am Nachmittag pünktlich zu erreichen? Oder vielleicht ist es auch eine lieb gewonnene Familienaktivität, die immer am selben Tag stattfindet?

Wecken Sie das Interesse Ihres Kindes mit einem kurzen Rollenspiel, bei dem Sie z. B. die Rolle des Freundes Ihres Kindes übernehmen können, der morgens schon an der Bushaltestelle wartet. Schauen Sie dabei auf Ihre Armbanduhr und sagen Sie: „Das ist aber schon spät geworden. Es ist schon 7 Uhr 30 und der Bus kommt gleich. Er oder sie müsste schon längst hier sein, sonst verpassen wir den Bus.“ Auf diese Weise demonstrieren Sie Ihrem Kind die Bedeutung der Zeit und in diesem Falle sogar eines bestimmten Zeitpunktes und wecken damit das Interesse, mehr darüber zu erfahren.

Konnten Sie Ihr Kind für die Uhrzeit interessieren oder vielleicht sogar begeistern, geht es an die praktische Aufgabe, die Uhrzeit anhand einer analogen Uhr bzw. einer Lern-Uhr für Kinder zu erklären. Diese bilden die Stundenzahlen sowohl von 1 bis 12 als auch von 13 bis 24 Uhr ab. Achten Sie bei der Verwendung einer Lern-Uhr allerdings darauf, dass die Zahlen auch gut zu erkennen bzw. lesbar sind.

Auch sollten zwischen den einzelnen Stundenzahlen Minutenpunkte sein, die Ihrem Kind anfangs dabei behilflich sein werden, die Minuten per Hand ab und nachzuzählen. Wichtig ist es auch, dass Ihr Kind die Zeigerbewegungen gut mitverfolgen kann. Ein Vorteil ist es, wenn die Zeiger verschiedenfarbig sind. Das hilft später beim Visualisieren der Uhrzeit.

Digitale Uhren verhindern durch ihre Zahlenangaben, dass Ihr Kind einen Zusammenhang herzustellen lernt zwischen der Uhrzeit im Kontext der vollen Stunden und den einzelnen Zahlen.

Schritt 1: Die Grundregeln

Bevor Sie Ihrem Kind die Uhrzeit erklären, sollte es einige Grundregeln kennen (Vgl. 36):

- Der Uhrzeigersinn und was man darunter versteht. Welche Bewegungsrichtungen haben die Zeiger einer Uhr?

- Die Tatsache, dass eine Uhr 3 Zeiger hat.

- Die Zahlen von 0 bis 24, da ein Tag 24 Stunden hat.

- Die Tatsache, dass 60 Minuten eine Stunde ausmachen.

- Die Tatsache, dass 1 Minute 60 Sekunden hat.

- Die Zeitspanne von 0 bis 24, was bedeutet, dass ein Tag um 0 Uhr anfängt und um 24 Uhr endet.

- Vorwärts und rückwärts zählen.

- Erste Plus- und Minusrechenaufgaben bis 24.

Schritt 2: Der kleine Zeiger

Sie sollten damit beginnen, Ihrem Kind beizubringen, was die Aufgabe des kleinen Zeigers ist. Erklären Sie also, dass der kleine Uhrzeiger dazu dient, die vollen Stunden anzuzeigen. Mittels einer Lern-Uhr lässt sich das einfach bewerkstelligen. Setzen Sie dabei auf interaktives Lernen, was bedeutet, dass Sie Ihrem Kind immer wieder Fragen zu dem jeweiligen Schritt stellen, damit das Gelernte rekapituliert werden kann.

Stellen Sie z. B. eine Uhrzeit ein und fragen Sie Ihr Kind, welche Uhrzeit als volle Stunde durch die kleinen Zeiger angegeben wird. Läuft das problemlos, kommt der nächste Schritt, der darin besteht, dass Ihr Kind eine Zeit auswählen, auf der Lern-Uhr einstellen und benennen soll.

Beginnen Sie das Lernen, indem Sie auf die Eigenständigkeit Ihres Kindes setzen. Das bringt zusätzlichen Spaß.

Schritt 3: Der große Zeiger

Der nächste Schritt betrifft den großen Bruder des Stundenzeigers, den Minutenzeiger. Je nach Auffassungsgabe des Kindes ist es möglich, sofort mit den Minuten als solchen zu beginnen, oder aber über die Einteilung einer Stunde und halbe und

viertel Stunden. So führt der Weg vom Großen ins Kleine, also von den 30-Minuten- zu den 15-Minuten-Abständen.
Dann beginnen Sie mit praktischen Übungen anhand der Lern-Uhr. An dieser Stelle ist es wichtig, den Zusammenhang zwischen dem kleinen und dem großen Zeiger zu erklären. Das können Sie ganz praktisch tun, indem Sie den Stundenzeiger auf die 4 und den Minutenzeiger auf die 6 stellen.

Die Uhrzeit, die angezeigt wird, ist halb 4. Erklären Sie, dass immer die Hälfte einer Stunde herum ist, wenn der große Zeiger auf der 6 steht. Das bedeutet, es ist „halb X Uhr".

Um halbe Stunden und Viertelstunden besser verstehen zu können, sollten Sie Ihr Kind darauf hinweisen, dass man den Kreis in 4 Teile unterteilen kann, wobei 4 Viertel den gesamten Kreis ergeben. Schneidet man diesen von oben nach unten durch, entstehen halbe Stunden. Schneidet man ihn danach noch einmal von rechts nach links durch, entstehen Viertelstunden (Vgl. 37).

Nun wechseln Sie zu den Viertelstunden, wobei Sie dieselbe Vorgehensweise wählen können. Stellen Sie eine Uhrzeit ein und erklären Sie Ihrem Kind die Funktionen von kleinem und großem Zeiger. Sie können z. B. darauf hinweisen, dass die volle Stunde nicht „voll" ist, solange der Zahlenkreis der Uhr noch offen ist. Er muss also erst geschlossen werden, damit eine Stunde vergangen ist. Danach ist es an Ihrem Kind, Aufgaben zu den Viertelstunden zu lösen. Je nachdem, wie aufnahmefähig Ihr Kind ist und wie schnell und problemlos es die Uhr lesen lernt, besteht die Möglichkeit, die Lerneinheiten auch mit einer Stoppuhr zu begleiten und dabei das Zeitgefühl zu trainieren.

Stellen Sie die Uhr z. B. auf eine Viertelstunde ein, wenn Sie beim Thema „halbe Stunden und Viertelstunden“ sind. Bekanntlich gibt es Sprachwendungen wie „viertel sechs“ oder „Dreiviertel neun“, die regional gebraucht werden. Diese sollten Sie Ihrem Kind allerdings in dieser Phase des Lernens noch nicht beibringen. Dafür ist später noch Zeit genug.

Schritt 4: Minuten und Stunden

Wie kann man die Zeit verständlicher erklären als durch praktische Übungen?

Bevor es an die Minuten und Stunden geht, ist es empfehlenswert, ein interaktives Spiel durchzuführen, um Ihrem Kind die Dimension einer Zeitspanne zu verdeutlichen. Dazu können Sie z. B. eine Minute lang auf einem Bein durch das Zimmer hüpfen oder aber sich vornehmen, eine Minute lang gemeinsam zu schweigen. Oder aber Sie erlauben Ihrem Kind, sein Handy zwei Minuten lang anzuschalten.

Eine komplexere Übungsvariante besteht darin, eine Entfernungsmessung vorzunehmen. Gehen Sie mit Ihrem Kind vor die Tür, lassen Sie Ihr Kind auf eine Uhr schauen und gehen Sie 3 Minuten lang geradeaus. Danach stellen Sie den Vergleich mit einer längeren Wegstrecke an, um Ihrem Kind den Zusammenhang von Zeit und Wegstrecke zu verdeutlichen.
Außerdem versteht es besser, was eine Minute ist und was eine halbe Stunde oder Stunde sein kann. Danach geht es an das Lernen von Minuten und Stunden. Sie können dabei von einer vollen Stunde ausgehen. Wählen Sie eine Uhrzeit aus und erklären Sie, dass die 60 Minuten einer Stunde anhand von Fünferschritten unterteilt werden, wobei die einzelnen Striche oder Punkte zwischen den jeweiligen Schritten die Minuten anzeigen.

Nun geht es ans Zählen.

Zählen Sie mit Ihrem Kind zuerst die Fünferschritte einer Stunde und danach die Minutenschritte. Anschließend ist es die Aufgabe Ihres Kindes, die Stunde allein und ohne Ihre Hilfe abzuzählen. Das ist dann in der Praxis wie folgt:

„Es ist jetzt 5 Uhr“ ... und 5 und 10 und 15 und 20 und 25 usw.

Danach heißt es dann: „Es ist jetzt 5 Uhr 5 und 6 und 7 und 8 und 9 und ...“

Schritt 5: Die Sekunden

Egal, ob es gerade 13:30 oder 07:15 ist, Ihr Kind beherrscht das Ablesen der Uhrzeit bis zu diesem Punkt bereits problemlos. Dann ist es Zeit für den Sekundenzeiger, der auf einer Lern-Uhr in der Regel aber ausgespart wird. Nehmen Sie also eine Uhr mit Sekundenzeiger zur Hand und verfolgen Sie gemeinsam mit Ihrem Kind seine Bewegungen durch den Stundenkreis.
Sie können Ihrem Kind erklären, dass der Sekundenzeiger im Rahmen des „normalen“ Uhrzeitlesens eigentlich keine genaue Uhrzeit angibt, sondern nur angibt, wie weit eine Minute zur nächsten fortschreitet.

Die nächste Minute beginnt, wenn der Sekundenzeiger die 12 erreicht bzw. überschritten hat, sodass sich der Minutenzeiger auf den nächsten Minutenstrich zwischen den Fünferschritten bewegen kann. Da Ihr Kind bereits die Uhrzeit gut lesen kann, wird die Bewegung des Sekundenzeigers sein Verständnis von der Uhr nun abrunden.

Schritt 6: Die Minuten einer Stunde

Hat Ihr Kind die Funktionen der Zeiger und der Zeitabschnitte auf einer Uhr verstanden und kann diese lesen, sollten Sie ihm das Grundprinzip erläutern, das einer jeden Uhr und der Zeit überhaupt zugrunde liegt. Das bedeutet:

Eine Stunde hat 60 Minuten, so wie eine Minute 60 Sekunden hat. So erklären Sie dann, dass der große Minutenzeiger eine ganze Runde drehen muss, damit eine Stunde vergeht. Um welche Stunde es sich handelt, wird dabei immer von dem kleinen Stundenzeiger angezeigt. Dabei bewegt sich der Minutenzeiger schneller als der Stundenzeiger.

Während sich der große Zeiger minütlich weiterbewegt, angetrieben vom Sekundenzeiger, sofern dieser sichtbar ist, ist der kleine Zeiger langsam und verändert seine Position nur einmal pro Stunde.

Schritt 7: Das 24-Stunden-Format

Jetzt geht es um den abschließenden Schritt, nach dem Ihr Kind die Uhr komplett lesen kann. Dieser betrifft das Verstehen der Stunden zwischen 13 und 24 Uhr. Doch bevor Sie dies tun, ist es notwendig, das Erlernte zu festigen.

Fragen Sie darum Ihr Kind immer wieder nach der Uhrzeit und integrieren Sie Zeitansagen in das alltägliche Gespräch, wie z. B. *„Morgen um 8 Uhr fahren wir los“*, oder *„Jetzt ist es 5 Uhr 30“*.

„In einer halben Stunde essen wir zu Abend.“

Oder Sie fragen: *„Wie lange dauert es noch, bis du damit fertig bist?“*

Damit wird Ihr Kind ganz praktisch gefordert, und das Gefühl für Zeitabstände wird immer besser verankert (Vgl. 38).

Hat sich das Wissen um die Uhrzeit und die Zeitabstände mit der Zählweise von 1 bis 12 gefestigt, bringen Sie Ihrem Kind das alternative 24-Stunden-Format bei. Dabei geht es natürlich auch darum, Ihrem Kind zu verdeutlichen, dass der Tag nicht aus 12, sondern aus 24 Stunden besteht und dass die Zählweise von 0 bis 12 auf den Tag übertragen nur eine Hälfte anzeigt. Erklären Sie Ihrem Kind die zwei Zählweisen von 0 bzw. 1 bis 12 Uhr und von 12 bis 24 Uhr bzw. 0 Uhr.
Auch ist es wichtig, dass es abschließend mit diesem 7. Schritt lernt, dass es zwei verschiedene Ausdrucksweisen gibt: Spricht man nachts von 2, 3 oder 4 Uhr, wird die Tageszeit demgegenüber mit 14, 15 oder 16 Uhr wiedergegeben. Doch das sollte Ihrem Kind keine Probleme mehr bereiten, wenn es bereits die Uhr bis zu diesem Punkt verstehen gelernt hat.

Schritt 8: Digitale Uhrzeit

Im Digitalzeitalter gehört das Lesen der digitalen Uhrzeit zum Leben dazu. Digitale Uhren zu lesen, ist viel einfacher, als das im Falle analoger Uhren der Fall ist.

Erklären Sie Ihrem Kind, dass obwohl die digitale Uhr keinen Uhrkreis anzeigt, dieselben Zeiteinteilungen existieren. Aus diesem Grunde kann es sinnvoll sein, dass Ihr Kind die analoge Uhr visualisiert und mit der digitalen vergleicht. Steht auf dem Uhrendisplay z. B. 8:50, erklären Sie Ihrem Kind, dass die erste Zahl immer für die volle Stunde steht, während die Zahlen dahinter die Minuten angeben.

Das bedeutet auf den Tag übertragen, dass bereits nach 0 Uhr 8 Stunden und 50 Minuten vom Tag vergangen sind und es noch 10 Minuten dauert, bis die Uhr auf 9:00 umspringt. Gibt es zusätzlich einen digitalen Sekundenzeiger, sodass das Display z. B. 8:50:12 anzeigt, bedeutet das, dass 12 Sekunden der 50. Minute in der 8. Stunde des Tages vergangen sind. Wichtig ist es, Ihr Kind darauf hinzuweisen, dass die Uhr nach 12 Uhr am Mittag mit 13, 14, 15 usw. weitergezählt wird.

Ist es Mitternacht, d. h. 24 Uhr, beginnt die erste Stunde der Nacht bzw. des nächsten Morgens mit 00:01 Uhr.

Die Top 10 der Eselsbrücken

Jeder Mensch, der etwas lernt, nutzt hier und dort eine Eselsbrücke, um sich eine Information besser und schneller zu merken. Eselsbrücken sind grundsätzlich Merkhilfen, die so einfach sein sollen, dass sie sofort im Gedächtnis bleiben. Solche Merkhilfen bestehen in der Regel aus kurzen Sätzen, die nicht immer grammatikalischen Regeln folgen müssen.

Auch klingen Eselsbrücken häufig eher seltsam und für andere Menschen nicht ganz verständlich. Sie können aber auch lustig sein, wodurch sich die Einprägsamkeit einer Eselsbrücke nur erhöht.

Nachstehend 10 Beispiele, die sich ganz besonders gut als Merkhilfe eignen (Vgl. 39):

1. Fräulein Hora und Herr Minuta

Diese Eselsbrücke ist dann anzuwenden, wenn Ihr Kind Schwierigkeiten mit dem Erfassen der Uhrzeigerbewegungen hat. Es gibt Kinder, die der Ansicht sind, der Stundenzeiger würde schneller laufen als der Minutenzeiger.

Es geht bei dieser Eselsbrücke also darum, Ihrem Kind beizubringen, dass der große Zeiger schneller läuft als der kleine Zeiger. Dafür geben Sie den Uhrzeigern Namen, wie z. B. Fräulein Hora und Herr Minuta. Fräulein Hora, der Stundenzeiger, liebte es gemütlich spazieren zu gehen, und zwar Tag und Nacht im Kreis. Sie lief immerzu und ganz gemütlich vor sich hin. Fräulein Hora zeigt auf ihrem Weg im Kreis dabei immer auf die Markierungen zwischen den Minuten.

Lassen Sie Ihr Kind den Weg von Fräulein Hora nachstellen, indem Sie es den Stundenzeiger langsam bewegen lassen. Wollen Sie Ihrem Kind die Stunde erklären, können Sie sagen: „Wenn Fräulein Hora z. B. zweimal an der 12 vorbeikommt, ist sie einc Stunde lang spazieren gegangen." Danach ist der Minutenzeiger dran bzw. die Geschichte des Herrn Minuta.
Herr Minuta ist ein junger, sportlicher Mann und liebt es rund um die Uhr zu joggen. Auch er bewegt sich immer nur im Kreis, dafür aber viel schneller als Fräulein Hora. Fragen Sie Ihr Kind danach, was geschieht, wenn eine Person

schneller läuft als eine andere. Die Antwort wird sein, dass die schnellere Person die langsamere Person einholt, was im Falle von Herrn Minuta der Fall ist.

Um das Zusammenspiel der Zeiger zu verdeutlichen, können Sie z. B. sagen: „Wenn Herr Minuta bei der 15 angekommen ist, sind 15 Minuten einer Stunde vergangen. Kommt Fräulein Hora bei der sechs an, lautet die Uhrzeit: 6 Uhr 15."

2. Dick und dünn

Sie können die Bewegungen der Uhrzeiger aber auch anders veranschaulichen, z. B. mit der Geschichte von dem dicken und dem dünnen Mann:

Der dicke Mann, der Stundenzeiger, läuft, wie dicke Männer laufen: gemächlich und langsam.

Der dünne Mann dagegen, der Minutenzeiger, ist flink und schnell.

3. König „Zeit"

Es kann passieren, dass Ihr Kind den Stundenablauf nicht gleich versteht. Steht der Stundenzeiger z. B. auf der 3 und fragen Sie, wann die nächste Stunde voll ist, könnten Sie antworten, dass dies der Fall wäre, wenn der Zeiger die 12 erreicht. Als Merkhilfe, dass eine Stunde immer eine volle Runde des Zeigers bedeutet, können Sie die Geschichte vom König „Zeit“ erzählen.

Dieser König war immer so hungrig, dass er jede Stunde erneut am Essen war, was den Effekt hatte, dass er immer runder wurde. Mit anderen Worten:

Wenn der König gegessen hat, ist die Stunde rum, d. h., sie ist dann immer so rund wie der Bauch des Königs „Zeit“. Egal, ob nun der Zeiger auf 3 oder 4 oder 5 steht, der König braucht immer eine volle Stunde, um rund zu werden.

4. Der Sumoringer und der Sprinter

Kinder lieben Bewegung.

Aus diesem Grunde wählen Sie eine Eselsbrücke, die etwas mit Bewegung zu tun hat und die Ihr Kind darum leicht nachvollziehen kann.

Erzählen Sie ihm von dem dicken Sumoringer, dem Stundenzeiger, der zwar stark ist und viele Muskeln hat, dennoch aber nicht an den drahtigen Sprinter, den Minutenzeiger oder Sekundenzeiger heranreicht, wenn es um die Schnelligkeit geht. Aber obwohl der Sprinter dem Sumoringer immer davonläuft, sind sie dennoch gute Freude,

d. h. sie treffen sich zweimal täglich immer auf der 12.

5. Der Polizist und die alte Frau

Diese Merkhilfe ist für Kinder geeignet, die nicht bemerken, dass sich der Stundenzeiger immer nur bis zur nächsten Stunde bzw. nächsten Zahl weiterbewegt, während der Minutenzeiger bereits einmal die Runde gemacht hat.
Erzählen Sie Ihrem Kind von dem netten Polizisten, dem Minutenzeiger, der immer gut auf ein Haus aufpasste, in dem eine alte Frau lebte. Um das zu tun, musste er sich aber schnell bewegen.

Die alte Frau dagegen konnte sich nur langsam bewegen und legte jede Stunde einmal eine kurze Pause ein, bevor sie dann eine Stunde weiterlief, um dann erneut eine Pause einzulegen. Der Polizist hatte in der Zwischenzeit aber bereits das gesamte Haus umrundet.

6. Großer Bruder und kleine Schwester

Fragen Sie Ihr Kind danach, wer bei einem Wettrennen zwischen zwei Geschwistern schneller sein würde.

Der große Bruder hat lange Beine, die kleine Schwester dagegen nur kurze Beine. Ihr Kind wird sicher antworten, dass natürlich der große Bruder mit den langen Beinen schneller sein würde.

7. Der Mann, der immer größer wird

Falls Ihr Kind Schwierigkeiten damit hat, den Stundenzeiger von dem Minutenzeiger zu unterscheiden, weil diese beim Lernen z. B. nicht verschiedenfarbig sind, erzählen Sie die Geschichte vom Mann, der stündlich immer größer wurde, denn der Stundenzeiger, der bei 1 anfängt, läuft von Stunde zu Stunde zu einer immer größeren Zahl, bis er die 12 erreicht.

8. Die 3 Bauklötze

Eine besondere Hürde beim Lernen, die Uhr zu lesen, sind häufig die Zeitunterteilungen 60, 30 und 15 Minuten. Die Hälfte von 60 ist für die meisten Kinder kein Problem, doch treten manchmal

Schwierigkeiten auf, wenn es darum geht, die Hälfte von 30 anzusagen.

Wenn Ihr Kind dann behauptet, dass es nicht möglich sei, 30 zu teilen, weil sich 3 auch nicht teilen lassen, veranschaulichen Sie es am besten anhand von 30 Bauklötzen oder Legosteinen. Bitten Sie Ihr Kind darum, diese 30 Klötze oder Steine in 2 „Berge“ gleichmäßig aufzuteilen. Dann lassen Sie Ihr Kind beide „Berge“ durchzählen, damit ihr Kind erkennt, wie einfach sich auch die Zahl 30 teilen lässt.
Auf diese Weise lassen sich auch andere Aufgaben lösen, bei denen es z. B. um die Hälfte von 40 oder 50 geht. Gleichzeitig werden beim Durchzählen die Zahlen wiederholt, die das Kind vielleicht gerade lernt.

9. Das Jahreslied

Manche Kinder haben Probleme damit, sich zu merken, dass der Tag zweimal 12 Stunden hat.

Um die Zwölfer-Einteilung zu vermitteln, eignet sich ganz besonders ein Lied mit dem Titel „Jahreslied“. Dabei werden die Monate von Januar bis Dezember gesungen. Da es zwölf Monate sind, lässt sich dieses Lied nun auch auf die 12 Stunden des halben Tages übertragen. Statt Januar bis Dezember wird jetzt eins bis zwölf gesungen.

10. Wohnungshüpfen

Die Entwicklung des Zeitgefühls kann bei manchen Kindern etwas dauern. Doch Sie können den Prozess beschleunigen, indem Sie sich für eine „gespielte“ Eselsbrücke entscheiden:

Fragen Sie Ihr Kind: „Was meinst du, wie lange sind 3 Minuten?“ Das Kind wird Ihre Frage nicht beantworten können.
Geben Sie dann Ihrem Kind eine Eieruhr in die Hand und fragen Sie es: „Was meinst du, wie lange brauchst du, um einmal durch die Wohnung zu hüpfen?“ Ihr Kind wird diese Frage auch nicht beantworten können.

Stellen Sie also die Uhr auf 3 Minuten ein und geben Sie Ihrem Kind die Aufgabe, solange durch die Wohnung zu hüpfen, bis die Uhr klingelt.

Spielend die Uhrzeit lernen ...

Spiele zum Erlernen der Uhrzeit in den Alltag zu integrieren, bedeutet nicht, dass Spaß und Freizeit fließend in den Lernprozess münden. Es ist wichtig, den richtigen Zeitpunkt für das Lernen auszuwählen bzw. diesen Zeitpunkt zu schaffen, ihn einzurichten.

Um Ihrem Kind das Gefühl von Regelmäßigkeit zu geben, sollten die Lerneinheiten nach Möglichkeit immer im selben Zeitraum stattfinden. Je nachdem, welcher Lerntyp Ihr Kind ist, können Sie dann innerhalb dieses Zeitraums, der für das Erlernen der Uhr reserviert wird, die Lernspiele variieren. Dabei gilt es, Ihr Kind auf die Lernphase vorzubereiten. Lernen bedeutet, sich konzentrieren zu können. Ein Kind mit 5 Jahren verfügt allerdings noch nicht über dieselbe Konzentrationskraft, die Erwachsene aufbringen können. Die mentale Konzentration ist kein automatischer Prozess, sondern muss von Menschen über längere Zeit gelernt werden.

Ein Kind im Alter zwischen 5 und 7 Jahren hat die Fähigkeit, sich durchschnittlich 15 Minuten lang auf etwas zu konzentrieren. Danach lässt die Konzentrationsfähigkeit nach. Später im Alter von 10 – 12 Jahren sind es schon 25 Minuten.

Es gibt eine Formel zur Errechnung der durchschnittlichen Konzentrationsfähigkeit, d. h. multiplizieren Sie das Lebensalter mit 2, erhalten Sie die Dauer, die sich ein Mensch auf eine bestimmte Sache konzentrieren kann (Vgl. 40). Wenn es um Lernen geht, können Sie die Konzentration Ihres Kindes natürlich erhöhen, wenn es Ihnen gelingt, eine Art Vorfreude auf das Lernen zu erzeugen. Je interessanter ein Lerninhalt dargeboten wird, desto höher die Konzentrationsfähigkeit.

Vor dem Lernen können Sie aber auch z. B. eine kurze Entspannungsübung durchführen, die gar nicht als eine solche bemerkt wird:

Setzen Sie sich mit Ihrem Kind aufs Sofa, machen Sie beruhigende Musik an und genießen Sie den Ruhemodus schweigend. Lassen Sie Ihr Kind sich beruhigen, besonders dann, wenn es gerade vom Spielen kommt. Eine beliebte Entspannungsübung ist das Malbuch. Nehmen Sie eines zur

Hand und lassen Sie Ihr Kind etwas ausmalen. Das regt die Fantasie an und bereitet das Gehirn auf den Lernprozess vor.

Eine andere Möglichkeit, Ihr Kind auf das Lernen vorzubereiten, ist das Herumtoben, damit es überschüssige Energie freisetzen kann und sich innerlich beruhigt. Es gibt aber auch Eltern, die fahren mit Ihrem Kind vor dem Lernen eine halbe Stunde mit dem Fahrrad oder aber spielen Ball.

Das ist eine empfehlenswerte Option bei Kindern, die eher unruhig und zappelig sind und sich nur schwer auf eine Sache konzentrieren können. Der Ort des Lernens sollte aufgeräumt sein, alle unnötigen Dinge, die nicht zum Lernen gehören, entfernt worden sein.

Die Lerneinheit selbst können Sie z. B. immer damit beginnen, indem Sie Ihr Kind fragen, was es beim letzten Mal gelernt hat. Auch können Sie gelernte Inhalte kurz wiederholen, um Ihr Kind auf das Neue einzustimmen. Das hat den Vorteil, dass Sie sofort bemerken, ob und wo Ihr Kind einen Nachholbedarf hat, und etwas wiederholt werden muss.

Wir basteln eine Uhr

Mit den Materialien Karton, Schere, Stift, Buntstifte, Briefklammer, Lineal, Teller und einer großen Schüssel können Sie eine Uhr basteln, Ihrem

Kind Spaß und Freude bereiten und zudem seine Kreativität und Ausdauer fördern. Außerdem erfordert Basteln eine gewisse Konzentration, sodass sich Ihr Kind bereits auf die Lerninhalte vorbereiten kann.

Nachdem Sie Schüssel oder Teller auf einen Karton gelegt haben, wird der Rand des Geschirres mit einem Stift nachgezogen. So übertragen Sie die runde Form von Teller und Schüssel auf den Karton. Der entstandene Kreis wird dann ausgeschnitten. Das ist Ihre Uhr.

Nun zeichnen Sie auf den restlichen Karton mithilfe eines Lineals einen kleinen oder großen Uhrzeiger und schneiden beide aus. Mit Buntstiften und Farben Ihrer Wahl können Sie dann die Stundenzahlen, z. B. mit fertigen Schablonen, von 1 bis 12 auf die Karton-Uhr malen.

Wenn Sie die Zahlen dick vorzeichnen, hat Ihr Kind die Gelegenheit, diese zusätzlich bunt auszumalen. Der Stundenzeiger kann z. B. rot, der Minutenzeiger blau gemalt werden. So sind beide optisch gut zu unterscheiden.

Ist die Uhr so weit fertig, werden die zwei Zeiger mit einer Briefklammer erst zusammengesteckt und dann in der Mitte der Karton-Uhr von hinten in der Mitte fixiert. Natürlich steht es Ihnen frei, auch die Minutenmarkierungen in die Uhr zu malen. Passen Sie aber auf, dass die Uhr nicht zu kompliziert wird.

Eine andere Option ist das Basteln einer Uhr aus Holz. Dafür stehen Laubsägearbeiten zur Verfügung, die Sie als Set inklusive eines Uhrwerkes kaufen können. Während Sie für das Aussägen der Uhr zuständig sind, kann Ihr Kind z. B. die Uhr bunt bemalen. Wenn Sie kein Uhrwerk wählen, können Sie selbst die beweglichen Zeiger einsetzen.
Eine solche Uhr eignet sich z. B. als dekorative Wanduhr und steht damit immer als Lernmittel zur Verfügung.

Eine Uhr legen

Mit 12 Karten, 1 Tee- und 1 Esslöffel lässt sich mit ein wenig Kreativität und Vorstellungskraft schon eine eigene Uhr legen (Vgl. 41).

Aber auch Feinmotorik und Geschicklichkeit sind beim Uhr-Lege-Spiel gefragt, nämlich dann z. B., wenn Ihr Kind die Löffel wie Uhrzeiger bewegen muss. Für das Spiel werden 12 Karten mit den Zahlen von 1 bis 12 beschriftet. Der Esslöffel wird zum Minutenzeiger, der Teelöffel zum Stundenzeiger. Aufgabe des Kindes soll es sein, mithilfe der beschrifteten Karten die Uhr nachzulegen, wobei die beiden Löffel in der Mitte des Uhrenkreises liegen. Üben Sie dann mit Ihrem Kind das Anzeigen verschiedener Uhrzeiten, d. h., Sie geben eine Uhrzeit vor, die dann von Ihrem Kind nachgelegt wird.

Uhrzeitkärtchen

Mit 24 Kärtchen und 3 Spieluhren lernt Ihr Kind die Uhrzeit und die Tageszeiten zu lesen (Vgl. 42).

Das Uhrzeitkärtchen-Spiel, das nur ganze 15 Minuten dauert, können Sie mit Ihrem Kind allein spielen. Jedoch macht es mehr Spaß, wenn mehrere Kinder am Spiel teilnehmen. Zuerst geht es um die Tageszeiten.
Sie geben Ihrem Kind die Kärtchen, wonach Sie die Reime vorlesen, die zum Tagesablauf passen, der durch die Spielanleitung vorgegeben wird. Dann geben Sie ihm auf, die passenden Kärtchen zu den jeweiligen Reimen zu finden.

Auf diese Weise entsteht ein Zeitablauf aus verschiedenen Ereignissen. Hat sich Ihr Kind richtig konzentriert, können Sie nun anhand des Zeitablaufs die Tageszeiten erklären. Beim zweiten Lernabschnitt kommen die 3 Spieluhren zum Einsatz.

Zuerst erklären Sie Ihrem Kind, was das Lernziel ist, dass es z. B. um die vollen Stunden geht. Dann legen Sie die Uhrzeitkärtchen, die die vollen

Stunden angeben, in die Mitte des Tisches, wobei die Uhr nach oben zeigen muss. Die grüne Spieluhr wird daneben platziert.

Anschließend wählen Sie, ohne dass es Ihr Kind es bemerkt, ein Kärtchen aus und stellen die Uhrzeit auf der Spieluhr entsprechend ein. Jetzt muss Ihr Kind das passende Kärtchen finden. Ist es gefunden, ruft es „Stopp“.

Wenn es das richtige Kärtchen ist, darf Ihr Kind dieses behalten. Wenn nicht, sind Sie oder ein Mitspieler wieder an der Reihe. Das Spiel ist beendet, wenn nur noch ein Kärtchen auf dem Tisch übrig ist. Gewinner ist schließlich, wer die meisten Uhrzeitkärtchen sammeln konnte. Die weiteren Abschnitte des Spiels funktionieren auf dieselbe Weise, nur alternativ mit Bildern oder Reimen.

Tanzen wie eine Uhr

Für dieses Lernspiel benötigen Sie Anti-Rutsch-Socken und eine Auswahl von Kinderliedern.

Ist Ihr Kind aktiv und bewegt es sich viel, kann der Uhr-Tanz sein Lieblingsspiel werden. Zur Lockerung können Sie vor dem Spiel mit Ihrem Kind kurz herumzappeln und herumhüpften. Dann beginnen Sie mit den Armbewegungen zum Anzeigen der Uhrzeit.

Heben Sie den linken Arm und halten Sie den rechten Arm auf die Position der 3. Wenn Ihr Kind es Ihnen nachmacht, fragen Sie, welche Uhrzeit angezeigt wird. Dann werden die Arme wieder locker heruntergenommen und es wird eine neue Uhrzeit gewählt.

Soll es 6 Uhr sein, halten Sie beide Arme eng am Körper, sodass nur Ihr Körper die Uhrzeit nachstellt. D. h., Ihr Kopf ist die 12 und Ihre Beine sind die 6. Wenn Sie passende Kinderlieder finden, können Sie die gesungenen Uhrzeiten nachtanzen. Dieses Spiel lässt sich auch dann spielen, wenn Sie auf dem Boden liegen.

Dann sind Sie die Uhr.

Während Sie auf dem Boden die Uhrzeit mit Armen und Beinen nachstellen, muss Ihr Kind diese erraten. Die Variante dieses Spiels auf dem Boden bringt einen Vorteil mit sich: Mithilfe eines Seils können Sie einen Uhrkreis auf dem Boden legen und das Spiel noch anschaulicher gestalten. Beschriftete Pappteller können die Uhrzeiten angeben, wobei die Person, die auf dem Boden liegt, mit Armen und Beinen für Minuten und Stundenanzeiger die Uhrzeiten nachstellt.

Reimspiel

Da Kinder in der Regel gerne singen, eignet sich dieses Reimspiel ideal zum Erlernen der Uhr. Zudem prägen sich gesungene Inhalte schneller und besser ein. Sie können diese Kinderreime auch mit einem Verkleidungsspiel kombinieren, mit dem Sie Ihrem Kind zusätzlich Spaß bereiten.
Den folgenden traditionellen Reim mit dem Titel „Morgens früh um sechs“ können Sie unabhängig vom Ort auch nebenbei im Alltag mit Ihrem Kind zusammen singen:

Morgens früh um sechs kommt die kleine Hex.

Morgens früh um sieben schabt sie gelbe Rüben.

Morgens früh um acht wird Kaffee gemacht.

Morgens früh um neun geht sie in die Scheun.

Morgens früh um zehn holt sie Holz und Spän.

Morgens früh um elf kocht sie bis um 12.

Fröschebein und Krebs und Fisch, hurtig Kinder,
kommt zu Tisch.

Würfelspiel

Dieses Spiel zum Erlernen der Uhrzeit fordert Ihr Kind ein wenig heraus, denn es wird dabei erfahren, dass es auch möglich ist, in einem Spiel zu verlieren. Der Umgang mit Frustration ist also ein weiteres Lernziel bei diesem Würfelspiel.

Für die Umsetzung benötigen Sie außer Würfeln noch Pappe in der Größe eines Zeichenblocks, Spielfiguren, Lineal und Stift. Dann nehmen Sie einen Karton und malen darauf ein Spielfeld mit einzelnen Feldern. Sie beginnen am besten links oben mit dem Start-Feld und malen dann bis zur rechten oberen Ecke insgesamt 8 Felder.

Von rechts oben nach rechts unten malen Sie 7 Felder. Machen Sie so weiter bis der Spielfeldrand mit Feldern ausgefüllt ist. In das Feld in der linken oberen Ecke schreiben Sie „Start/Ziel", während Sie in die übrigen Spielfelder Uhren malen, die jeweils eine andere Uhrzeit anzeigen.

Es bleibt Ihnen überlassen, ob Sie innerhalb des Spielfeldes Felder auch wie folgt beschriften: „2 Felder vorgehen", „3 Felder zurückgehen" oder „1 Runde aussetzen". In die Mitte des Spielfeldes malen Sie eine Tabelle, die aus 5 Spalten und 4 Zeilen besteht. Diese füllen Sie mit digitalen Uhrzeitangaben. Sie können mit den analogen Uhrzeitangaben identisch sein, müssen es aber nicht. Das Spiel beginnt, wenn eine Zahl gewürfelt wird und der Spieler auf das gewürfelte Feld geht. Wenn es sich um ein Feld mit einer Uhrzeit handelt, muss Ihr Kind z. B. die Uhrzeit nennen. Wenn diese stimmt, darf es auf dem Feld bleiben und wartet dort bis zum nächsten Wurf. Falls die genannte Uhrzeit falsch war, muss Ihr Kind eine Runde pausieren oder aber ein Feld zurückgehen.

Gewinner ist, wer als Erster im Start/Ziel ankommt. Beherrscht Ihr Kind die Uhr schon gut, können Sie mit den Feldern in der Mitte arbeiten. Wenn der Würfel in die Mitte fällt, muss Ihr Kind die Uhrzeit nennen, die im Feld angezeigt wird.

Ist die Uhrzeit richtig genannt, könnte es z. B. mit einer Spielfigur auf das Feld ziehen. Sie können aber auch Gummibärchen einsetzen, mit denen die digitalen Uhrzeiten in der Mitte markiert werden. Wenn Ihr Kind die Zeit richtig nennt, bekommt es die Süßigkeit. Oder aber Gewinner ist, wer am Schluss des Spiels die meisten Gummibärchen gesammelt hat.

Lernhefte

Lernhefte eignen sich für Kinder ab 5 Jahren und fördern deren Konzentration, Kreativität und Vorstellungskraft. Im ersten Teil der Lernhefte wird in der Regel die Uhr vorgestellt, die von Ihrem Kind ausgemalt werden kann. Was folgt, sind die Seiten, auf denen Ihr Kind verschiedene Uhrzeiten nach Vorgaben einzeichnen kann.

Es besteht aber auch die Möglichkeit, frei gewählte Uhrzeiten einzuzeichnen und zu benennen. Lernhefte eignen sich gut für die Zeit nach einer Lerneinheit mit der Lern-Uhr, d. h. zum Vertiefen und Verfestigen von Inhalten.

Arbeitsblätter & Spiele mit Arbeitskarteikarten

Abgesehen von Lernheften haben Sie die Möglichkeit, Arbeitsblätter zu verwenden, die Sie selbst ausdrucken können. Passende Materialien finden Sie im Internet. Wichtig ist, dass Ihr Kind auch auf den Arbeitsblättern zeichnen und malen kann.

Die beschriebenen Arbeitsblätter können Sie dann der Reihenfolge nach abheften oder auch an einer Wand gut sichtbar aufhängen. So stehen die Lerninhalte jederzeit wieder zur Verfügung. Eine andere Option sind Arbeitskarteikarten, die allerdings nur dann für Ihr Kind infrage kommen, wenn es das Lesen der Uhrzeit beherrscht.

Arbeitskarteikarten haben den Zweck, Erlerntes zu festigen.

Eine andere Verwendung ist das folgende Spiel: Dafür benötigen Sie 24 Karteikarten und 1 Stift. Dann malen Sie auf jede Karteikarte eine Uhrzeit und mischen die Karten gut durch.
Nun zeigen Sie Ihrem Kind eine Karte und lassen es die abgebildete Uhrzeit sagen. Hat es die Uhrzeit richtig genannt, können Sie eine Überraschung für Ihr Kind parat halten. War die Uhrzeit also richtig, geben Sie Ihrem Kind auf, diese auf einer Lern-Uhr einzustellen.

Apps zum Lernen der Uhrzeit

Apps bieten sich als leichte Hilfsmittel zum Lernen der Uhrzeit natürlich ebenfalls an. Alles, was Ihr Kind benötigt, ist ein Smartphone, ein PC oder ein Tablet. Doch sollten Sie auch bei der Verwendung einer App immer beim Lernen präsent sein. Eine App ersetzt nicht Ihre elterliche Gegenwart.

Sie sollten bei der Auswahl einer App darauf achten, dass diese ohne ablenkende Werbeunterbrechungen funktioniert. Wichtig ist, dass die App dem Alter Ihres Kindes entsprechend aufgebaut und bedienbar ist. So gibt es z. B. die Flik&Flak-App, zu der auch eine gleichnamige und kindergerecht gestaltete Uhr gehörig ist. Die App verfügt über verschiedene Schwierigkeitsgrade, die Ihr

Kind meistern muss. Je besser Ihr Kind lernt, desto schwieriger werden die Übungen. Die Flik&Flak-App verfügt auch über eine Hilfefunktion, die betätigt werden kann, wenn Ihr Kind nicht mehr weiterkommt.

Die App bietet Ihnen die Möglichkeit der Personalisierung, sodass Sie z. B. einstellen können, wann Ihr Kind morgens aufsteht, wann es im Kindergarten ist, nach Hause kommt, etc. Die Anton-App dagegen richtet sich an den Wissensstand von Schulkindern und ist variabel.
Stellen Sie z. B. ein, dass Ihr Kind die 1. Klasse besucht, werden nicht nur Bilder, sondern auch vertonte Inhalte und Texte angeboten. Auch hier entspricht der Schwierigkeitsgrad der Leistung Ihres Kindes. Fehlantworten können wie auch bei der Flik&Flak-App mehrmals gegeben werden.

Wie Ihr Kind das Erlernte behält

Lerndefizite tauchen immer dann auf, wenn ein Mensch das, was er gelernt hat, nicht im Langzeitgedächtnis abspeichern kann. Gerade heutzutage werden Kinder häufig durch mediale Ablenkungen aller Art genau daran gehindert. Ist der Lernprozess beendet, gilt es, das Erlernte dauerhaft im Gedächtnis behalten zu können.

Nachstehende einige Tipps, die sich aus zahlreichen Studien über die Gedächtnisleistung von Kindern ergeben:

1. Spacing-Effekt

Ihr Kind wird überfordert, wenn es zu viel auf einmal lernen muss. Erweiterte Pausen zwischen den Lerneinheiten erhöhen die Gedächtnisfähigkeit. Der positive Spacing-Effekt bzw. Abstandseffekt tritt ein, wenn Sie Ihrem Kind ausreichend Pausen zwischendurch gönnen.

Ist der zeitliche Abstand gewährleistet, so erfolgt die Verstärkung bestehender, während des Lernens aufgebauter neuronaler Netzwerke (Vgl. 43).

2. Mittagsschlaf

Auch wenn es schwierig sein sollte, Ihr Kind von einer Mittagspause zu überzeugen, wenn es herumtollen und spielen will, gerade Kleinkinder profitieren von einer störungsfreien Pause nach der Mittagszeit.

Da aber auch ein gesunder Nachtschlaf gewährleistet sein muss, sollte der Mittagsschlaf nur kurz ausfallen. Ein Powernap, der mindestens 20 Minuten dauert, ist auch für Kinder geeignet.

Wenn Ihr Kind schläft, kommt es zur Ausschüttung von Wachstumshormonen und der Bildung neuer Zellen. Gedächtnis wird im Schlaf gebildet.

3. Lernzeiten

Entscheidend für die Gedächtnisleistung und das Abspeichern erlernter Inhalte ist die Zeit, wann Ihr Kind lernt. Die Aufnahmefähigkeit nimmt mit dem fortschreitenden Tag in der Regel ab, wenn es zwischendurch keine Schlafpausen gibt. Morgens und in den Vormittagsstunden ist das Gehirn am aufnahmefähigsten, weil es noch nicht viele Tageserlebnisse zu verarbeiten hat.

Zuverlässig lernen lässt es sich in der Zeit vor dem Schlafengehen, da das Gehirn im Schlaf das gerade Gelernte abspeichern kann.

4. Ernährung

Achten Sie auf eine gesunde Ernährung Ihres Kindes, können Sie die Lern- und Gedächtnisleistung fördern. Studien haben gezeigt, dass Omega-3-Fettsäuren, wie z. B. Fisch, Nüsse oder Kerne, eine besonders positive Wirkung auf das Gedächtnis haben und diese sogar verbessern können. Aber auch Schokolade bzw. der enthaltene Botenstoff Dopamin hilft dem Gedächtnis (Vgl. 44).

5. Bewegung

Bewegt sich Ihr Kind zwischen den Lernphasen ausgiebig, dient das ebenfalls der verbesserten Gedächtnisleistung. Das geschieht durch die erhöhte Durchblutung des Gehirns und der Nervennetzwerke, was zur schnelleren Aufnahme von Informationen führt. Falls sich Ihr Kind nicht konzentrieren kann, unterbrechen Sie das Lernen und lassen Sie es z. B. 20 Minuten herumtollen.

6. Verschiedene Lernmedien

Wechseln Sie die Lernmedien bzw. die Lernspiele öfter ab, wird das Gehirn gefordert, was auch dem Gedächtnis zugutekommt. Auch muss Ihr Kind die über ein Medium gelernten Inhalte mit den Inhalten, die über ein neues Medium vermittelt werden, verknüpfen lernen. Dieser kreative Prozess führt zu einer Vertiefung der Beschäftigung mit dem Thema Uhrzeit.

7. Wiederholungen

Es ist notwendig, das Erlernte zu wiederholen, um es auch im Gedächtnis verankern zu können. Das kann mittels Lernkarten oder einer Lern-App geschehen, die die wichtigsten Inhalte jederzeit zur Verfügung stellt. Vor einer Lerneinheit sollten Sie auf jeden Fall die Inhalte der vorherigen Einheit wiederholen.

8. Ordnung halten

Gerade für Kinder im frühen Lebensalter ist es wichtig, dass Lernmaterialien in Ordnung gehalten werden. Zudem sollte alles immer übersichtlich und greifbar sein. Unordnung lenkt vom Lernen ab.

9. Lernumgebung

Wichtig für das Gedächtnis ist, dass die Informationen möglichst konzentriert aufgenommen werden. Ein ruhiges Zimmer zum Lernen sollte darum vorhanden sein. Wenn Ihr Kind allerdings das Lernen in Ihrer Gegenwart im Wohnzimmer oder der Küche vorzieht, sollten Sie das unbedingt gewähren, sofern es keine Störungen gibt.

Schlusswort

Bei allem, was Sie tun, wenn es um das Lernen Ihres Kindes geht, sollten Sie immer daran denken, dass Sie nicht Ihr Kind sind. Kinder funktionieren anders als Erwachsene.

Gerade, wenn es um das Erlernen der Uhrzeit geht, wird dies vielen Eltern immer wieder sehr deutlich. Auch wenn Sie sich nicht mehr daran erinnern können, wie es bei Ihnen als Kind war, üben Sie sich in Geduld mit Ihrem Nachwuchs.

Da Kinder am besten spielend lernen, sollte der Spielaspekt auch nie verloren gehen, sondern ganz im Gegenteil stets im Vordergrund stehen.

Lernen hört aber nicht nach dem Lernen auf.

Es geht weiter.

Immer weiter.

Dann nämlich setzt der entscheidende Prozess der Gedächtnisbildung ein. Da Kinder noch in einer Welt ohne genaues Zeitgefühl leben und ein wahrhaft frohes, zeitloses Leben führen, sollten Sie vorsichtig mit den für Ihr Kind schwierigen Lerninhalten umgehen. Dazu gehören die Vermeidung von Störungen, ausreichend Schlaf, sowie eine gesunde Ernährung und körperliche Bewegung, die heute leider bei vielen Kindern viel zu kurz kommt. Schützen Sie Ihr Kind außerdem vor Überforderung.

Wenn Sie diese Tipps beherzigen, kann eigentlich dem Weg zum Erfolg nicht mehr viel im Wege stehen, auch wenn sich zeitweilig Lernprobleme einstellen sollten. Denn Ihr Kind ist flexibel und es ist lernwillig und oft sind es bestimmte widrige Umstände, die das Lernen erschweren.

Vermeiden Sie also nicht, mit Ihrem Kind über das Lernen zu sprechen und es regelmäßig mit netten Worten zu motivieren. So wird das Erlernen der Uhrzeit erfolgreich verlaufen und Ihr Kind wird die weiteren Herausforderungen des Lebens meistern können.

Quellen

1. Kasten, Hartmut, „Entwicklungspsychologische Grundlagen/03 Jahre“, Verlag an der Ruhr, 2017.

2. Haug-Schnabel, Gabriele, Bensel, Joachim, „Grundlagen der Entwicklungspsychologie. Die ersten 10 Lebensjahre“, Verlag Herder, 2017.

3. Gluck, Mark, A., Mercado, Eduardo, Myers, Catherine, E., „Lernen und Gedächtnis: Vom Gehirn zum Verhalten“, Spektrum Akademischer Verlag, 2010.

4. Markowitsch, Hans, J., „Das Gedächtnis: Entwicklung, Funktionen, Störungen“, C.H. Beck, 2009.

5. Roth, Gerhard, „Geist, Seele, Gehirn“, in: Kandel, Eric R., „Psychiatrie, Psychoanalyse und die neue Biologie des Geistes“, Suhrkamp, 2008.

6. Aamodt, S., „Welcome to Your Brain: Ein respektloser Führer durch die Welt des Gehirns“, dtv, 2010.

7. Harth, Dietrich, „Gedächtnis und Erinnerung“, in: Wulf, Christoph (Hrsg.), „Vom Menschen“, Handbuch Historische Anthropologie, Beltz, 1997.

8. Kandel, Eric, „Auf der Suche nach dem Gedächtnis“, Pantheon Verlag, 2007.

9. Korte, Martin, „Wie Kinder heute lernen: Was die Wissenschaft über das kindliche Gehirn weiß – Das Handbuch für den Schulerfolg“, Deutsche Verlag-Anstalt, 2009.

10. Andrich, Jürgen, „Das Universum im Kopf. Wie unser Gehirn funktioniert“, Berlin Verlag, 2008.

11. Dingman, Marc, „Das Gehirn: Neueste Erkenntnisse der Neurowissenschaften über unser wichtigstes Organ und seine Macken“, Riva, 2020.

12. Korte, Martin, „Wir sind Gedächtnis: Wie unsere Erinnerungen bestimmen, wer wir sind“, Deutsche Verlags-Anstalt, 2017.

13. Gruber, Thomas, „Gedächtnis: Extras Online (Basiswissen Psychologie)“, Springer, 2018.

14. Frick-Salzmann, Annemarie, „Gedächtnis: Erinnern und Vergessen: Ein Blick ins Gehirn für Bildungs-, Gesundheits- und Sozialexperten“, Springer, 2017.

15. Spritzer, Manfred, Herschkowitz, Norbert, „Wie Kinder denken lernen: Die kognitive Entwicklung vom 1. bis zum 12. Lebensjahr“, mvg Verlag, 2019.

16. Gabriele Haug-Schnabel, Bensel, Joachim, „Grundlagen der Entwicklungspsychologie. Die ersten 10 Lebensjahre“, Verlag Herder, 2017.

17. Metzig, Werner, Schuster, Martin, „Lernen zu lernen: Lernstrategien wirkungsvoll eingesetzt“ Springer, 2016.

18. Vester, Frederic, „Denken, Lernen, Vergessen: Was geht in unserem Kopf vor, wie lernt das Gehirn, und wann lässt es uns im Stich“, dtv Verlagsgesellschaft, 1998.

19. Korte, Martin, „Hirngeflüster: Wie wir lernen, unser Gedächtnis effektiv zu trainieren“, dtv, 2021.

20. Spitzer, Manfred, Herschkowitz, Norbert, „Wie Kinder denken lernen: Die kognitive Entwicklung vom 1. bis zum 12. Lebensjahr“, mvg Verlag, 2019.

21. Spitzer, Manfred, „Gehirnforschung und die Schule des Lebens“, Spektrum Akademischer Verlag, 2007.

22. Korte, Martin, „Wie Kinder heute lernen: Was die Wissenschaft über das kindliche Gehirn weiß – Das Handbuch für den Schulerfolg“, Deutsche Verlags-Anstalt, 2009.

23. Miethner, Susanne, Schmidt, Michaela, Schmitz, Bernhard, „Mein Kind lernt lernen, Ein Praxisbuch für Eltern“, Klett-Cotta, 2008.

24. Paterson, Kathy, „Kinder motivieren in 3 Minuten“, Verlag an der Ruhr, 2008.

25. Brohm-Badry, M., „Motivation lernen: Das Trainingsprogramm für die Schule. Mit Übungen und Kopiervorlagen (Pädagogik Praxis), Beltz, 2012.

26. Beard, Alex, „Wie Kinder gerne lernen: International Konzepte für eine Schule der Zukunft“, Piper, 2019.

27. Hurrelmann, Klaus, „Du schaffst das!: Tipps und Anregungen für Eltern, wie Kinder das Leben meistern lernen“, EA, 2003.

28. Furman, Ben, „Mein 'Ich Schaffs!' Arbeitsbuch: Das Motivationsprogramm für Kinder“, Carl-Auer Verlag, 2015.

29. Lehmann, Ischta, „Motivation: Wie Eltern ihr Kind unterstützen können. Leichter lernen mit Focus Schule“, dtv, 2008.

30. Kein, Suse, „Alltagskompetenzen spielerisch lernen (Die Praxisreihe für Kindergarten und Kita)“ Ernst Kaufman, 2021.

31. Jungbauer, Johannes, „Entwicklungspsychologie des Kindes und Jugendalters: Ein Lehrbuch für Studium und Praxis sozialer Berufe“, Beltz Juventa, 2017.

32. Schwarzer, G., Jovanovic, B., et al., „Entwicklungspsychologie der Kindheit (Kohlhammer Standards Psychologie), Kohlhammer, 2015

33. Kuballa, Monika, „Die Lernspur: „Du bist richtig!“: Wie Eltern ihre Kinder beim Lernen gut begleiten“, BoD, 2021.

34. Wittmann, Marc, „Gefühlte Zeit: Kleine Psychologie des Zeitempfindens“, C.H. Beck, 2016.

35. Rietzler, Stefanie, Grolimund, Fabian, „Clever lernen“, Hogrefe, 2019.

36. Nordqvist, Sven, „Pettersson und Findus: Mein erstes Uhrenbuch“, Edel Kids Books, 2019.

37. Sörensen, Hanna, Velte Ulrich (Illustrator), „Conni Gelbe Reihe (Beschäftigungsbuch): Die Uhrzeit (Relaunch): Kinderbeschäftigung ab 5“, Carlsen, 2012.

38. Weinhold, Angela, „Wieso? Weshalb? Warum? Die Uhr und die Zeit (Band 25)“, Ravensburger Verlag, 2003.

39. Lingen, Helmut, „Leo Lausemaus lernt die Uhr: Mit Uhr mit beweglichen Zeigern“, Helmut Lingen Verlag, 2018.

40. Hore, Rosie, Nielsen, Shaw (Illustrator), „Ich weiß mehr! Die Uhrzeit lesen und verstehen“, Usborne Publishing, 2017.

41. Schneider, Liane, Görrissen, Janina (Illustrator), Rueda, Marc (Illustrator), „Conni-Bilderbücher: Conni lernt die Uhrzeit: Kinderbeschäftigung ab 5 Jahren“, Carlsen, 2019.

42. Steffensmeier, Alexander, „Lieselotte Uhrenbuch“, Fischer Sauerländer, 2017.

43. Siegner, Ingo, „Der kleine Drache Kokosnuss: Weißt du, wie viel Uhr es ist? (Schul- und Kindergartenspaß, Band 6), cbj, 2018.

44. Mietzel, Gerd, „Wege in die Entwicklungspsychologie. Kindheit und Jugend“. Beltz, Weinheim, 2019.

45. Kolb, Merle, „Entwicklungspsychologie leicht erklärt: Entwicklungspsychologische Grundlagen verstehen und anwenden. Kinder und Jugendliche auf dem Weg zur eigenen Persönlichkeit mit Herz und Hirn begleiten“, Independently published, 2020.

Printed in Poland
by Amazon Fulfillment
Poland Sp. z o.o., Wrocław

11078909R00070